PARIS MODERNE

PARIS MODERNE,

ou

CHOIX DE MAISONS

CONSTRUITES

DANS LES NOUVEAUX QUARTIERS DE LA CAPITALE

ET DANS SES ENVIRONS;

LEVÉES, DESSINÉES, GRAVÉES ET PUBLIÉES

PAR NORMAND FILS,

Membre de la Société libre des Beaux-Arts, éditeur de l'Arc-de-Triomphe des Tuileries, des Monumens funéraires des Cimetières de Paris, du Cours de Dessin industriel à l'usage des Ecoles élémentaires et des ouvriers, ouvrage adopté par le Conseil royal de l'Instruction publique pour les Ecoles normales primaires, etc., etc.

A PARIS,

CHEZ
L'AUTEUR, RUE DES NOYERS, N° 36;
BANCE FILS, SUCCESSEUR DE SON PÈRE, MARCHAND D'ESTAMPES, RUE SAINT-DENIS, N° 214.
CARILIAN-GOEURY, LIBRAIRE, QUAI DES AUGUSTINS, N° 41;

1837.

AVANT-PROPOS.

Les monumens d'architecture étant, de toutes les créations humaines, les plus durables et celles qui donnent une plus juste idée du génie, des mœurs, de la civilisation, de la richesse des peuples qui les élèvent, ils sont, pour le philosophe, un livre où la marche de l'esprit humain, dans les différens siècles et chez les diverses nations, est écrite en caractères indélébiles.

Sans sortir de Paris, et pour ne parler que des habitations particulières, puisqu'elles sont l'unique objet de cet ouvrage, si l'on considère attentivement et dans un ordre chronologique les maisons restées debout, en tout ou en partie, depuis les tems anciens jusqu'au règne de Louis XIV (1); si l'on compare ensuite celles qui ont été élevées sous Louis XV, sous Louis XVI, sous l'Empire (2); enfin, si l'on parcourt les quartiers de la rue des Martyrs, de la Tour-des-Dames, de la Madeleine, de Tivoli, la cité Bergère, Grenelle, et le quartier dit de François Ier, présentement en construction, on verra quels changemens notables se sont introduits successivement dans la disposition générale, tant extérieure qu'intérieure, dans le caractère et le style des habitations particulières, et combien leur distribution surtout a éprouvé de modifications à mesure que le luxe, l'industrie, l'aisance ont pénétré la classe nombreuse de la société, et transformé pour elle en besoin ce qui n'était auparavant qu'une superfluité connue des grands ou des seigneurs de la cour.

(1) L'hôtel dit de la Reine-Blanche, rue du Foin-Saint-Jacques; la maison des Carneaux, rue des Bourdonnais, n° 11; l'hôtel Cluny, rue des Mathurins-Saint-Jacques; l'hôtel de Sens, rue du Figuier-Saint-Paul; l'hôtel Norvilliers, rue Jean-Tison, au coin de celle Bailleul; l'hôtel Jassaud, rue des Prêtres-Saint-Paul, qui appartiennent aux XIIIe, XIVe, XVe et commencement du XVIe siècles; l'hôtel Sully, rue Saint-Antoine, n° 143, construit par DUCERCEAU; l'hôtel Carnavalet, rue Culture-Sainte-Catherine, commencé par J. BULLANT et terminé par DUCERCEAU; l'hôtel Soubise, rue du Chaume, par LEMAIRE; les places Royale et Dauphine, bâties sous Henri IV; l'hôtel Colbert, rue des Rats; l'hôtel d'Avaux, bâti par LEMUET; l'hôtel Lambert, île Saint-Louis, bâti par LEVEAU; l'hôtel Beauvais, rue Saint-Antoine, n° 62, bâti par le PAUTRE sur un terrain des plus irréguliers; l'hôtel Chamillard, rue Coq-Héron, du même architecte; les places des Victoires et de Vendôme, élevées par MANSART à la gloire de Louis XIV, etc., etc.

(2) Le faubourg Saint-Germain, presque en entier, a été construit sous Louis XV; la Chaussée-d'Antin, les faubourgs Saint-Honoré, Poissonnière, Montmartre, datent, en grande partie, du règne de Louis XVI; la rue de la Paix, les quartiers de Rivoli, se sont élevés sous l'Empire. Parmi les nombreuses productions remarquables qui ont signalé ces

AVANT-PROPOS.

A défaut des monumens pour étudier la marche progressive de l'architecture civile en France, l'étranger trouve dans les recueils de Ducerceau, Philibert Delorme, Marot, Blondel, Baltard, C. Percier, Willemain, Langlois, Jolimont, etc., etc., des exemples variés d'édifices construits pour des princes et de riches seigneurs depuis les tems dits gothiques jusqu'au beau siècle de Louis XIV, et dans ceux de Krafft, malheureusement peu fidèles, un choix des belles maisons élevées sous Louis XV, Louis XVI et l'Empire pour des particuliers.

L'ouvrage que nous offrons ici au public a pour objet de continuer l'œuvre de nos devanciers. Il est spécialement consacré aux seules maisons d'habitation élevées de nos jours dans les nouveaux quartiers de la capitale et dans ses environs. L'ensemble de ces publications prouvera aux étrangers que si l'Italie a droit de s'énorgueillir d'avoir produit des architectes tels que Bramante, Vignole, Palladio, Serlio, Scamozzi, etc., la France peut lui opposer avec avantage les P. Lescot, J. Bullant, P. Delorme, A. Ducerceau, J. Debrosse, J. Lemercier, L. Leveau, Cl. Perrault; les Mansart, A. Lepeintre, les deux Blondel, Servandoni, qui tour à tour ont enrichi leur patrie d'édifices frappés au coin du génie, et que ces artistes ont eu de dignes successeurs dans les Soufflot, Antoine, Gabriel, M. J. Peyre, A. F. Peyre, de Wailly, C. N. Ledoux, Gondouin, Paris, Louis, Cellerier, Dufourny, Rousseau, Brongniart, B. Poyet, Bellanger, Chalgrin, etc., etc., qui, depuis l'avènement de Louis XVI au trône jusqu'à l'Empire, se sont acquis une juste célébrité, et dans les C. Percier, L. Fontaine, Bernier, J. Molinos, les deux Gisors, Vaudoyer, Baltard, Lemoine, Delépine, L. Durand, J. T. Thibaut, C. Normand, Damesne, Labarre, Coussin, Renard, Sobre, B. Vignon, Alavoine, Delaunay, J. M. Beudot, M. J. Heurtaut, Pinchon, etc., dont les productions, éparses dans le Paris de 1800 à 1814, témoignent de leur haut savoir, et sont des types de goût et de convenance. A ces noms honorables la postérité joindra, nous le pensons, ceux des architectes dont notre recueil fait connaître les travaux; elle reconnaîtra que MM. Biet, Blanchon, G. A. Blouet, Cannissié, Cécile, Charpentier, Chatillon, F. Debret, membre de l'Institut; Destailleur, L. N. M. Destouches, Dubois, Dupuis, Dussillon, Famin, Frœlicher, M. P. Gau-

diverses époques, les artistes ont mis en première ligne l'hôtel Brunoy, faubourg du Roule, par Boulé; l'hôtel Saint-Foix, rue Basse-du-Rempart, par Brongniant; l'hôtel Thélusson, rue de Provence, par Ledoux, qui vient d'être détruit pour la prolongation de la rue Laffitte; les maisons élevées par le même architecte, rue des Petites-Écuries, et celles dites Saint-Germain, rue Saint-Lazare, et Holstein, rue Saint-George, par le même; imitations d'Inigo Jones; l'hôtel de Salm, aujourd'hui de la légion-d'honneur, par Rousseau; la maison Lauzun, faubourg du Roule, par Soufflot, qui a imité Palladio; la maison Beaumarchais, à la porte Saint-Antoine, par Lemoine, récemment détruite; la maison Dervieux, rue de la Victoire, par Bellanger; et trois maisons réunies, du même architecte, rue Saint-Georges; la maison Le Brun, rue du Gros-Chenét, par Raymond; la maison Callet, nom de son architecte, rue du Mont-Parnasse, et celle d'Orlians, dans la même rue, élevée par Poyet; la maison dite de la Thuile, par Durand; la rue de Rivoli tout entière, sur un dessin uniforme, par MM. Percier et Fontaine, et une infinité d'autres qu'il serait trop long de rappeler ici.

thier, Gourlier, Grillon, Haudebourt, Heurteloup, J. J. Hittorff, A. Leclerc, membre de l'Institut; J. F. J. Lecointe, J.-B. Lesueur, Maubertier, B. Nepveu, Pellechet, Philippon, Perrier, Protain, H. Van-Cleemputte, L. Van-Cleemputte, L. T. J. Visconti, et tant d'autres qu'il serait trop long de citer, peuvent prendre place à côté de leurs habiles maîtres, et que leurs productions sont également dignes, nous ne dirons pas d'être copiées sans examen, l'homme de génie consent rarement à suivre servilement les traces d'autrui, mais de servir de point de départ, d'études préparatoires pour arriver à d'autres combinaisons, pour satisfaire à d'autres besoins, car, malgré la grande diversité de plans, d'élévations de façades, de destination des maisons gravées dans ce recueil, nous sommes loin de penser qu'on y trouvera résolus à souhait certains programmes à données toutes spéciales, ni que toutes les nuances des genres, des styles, des caractères qui se partagent l'Ecole y soient représentés. Nous pouvons avancer du moins que si tous les plans que nous avons relevés sur l'exécution ne répondent pas toujours aux vues, au goût, aux besoins de celui qui veut se bâtir une Maison, ces plans sont pour la plupart si simples de disposition, si judicieusement distribués, d'un usage si ordinaire, si commode, qu'il sera facile, à l'aide de deux ou plusieurs combinaisons déjà bonnes, d'arriver à celle qu'on cherche; il suffira, pour cela, de quelque habitude et de connaître les lois de l'eurythmie et de la pondération, lois qui commandent l'ordre et l'accord dans les parties, et que les étages supérieurs soient établis sans porte à faux sur le rez-de-chaussée. Les exemples que nous avons réunis feront voir combien les architectes actuels s'appliquent à cette partie essentielle de l'art de bâtir, et avec quel art ils savent placer les escaliers pour rendre facile et commode le service de toutes les parties d'un bâtiment; enfin comment, par des cours établies à propos, ils parviennent à régulariser des terrains de forme tourmentée, et procurent du jour à certaines pièces secondaires d'habitation qui, sans ces combinaisons, en seraient totalement dépourvues.

Ainsi, pour augmenter l'intérêt et l'utilité de cet ouvrage, pour que chacun, selon ses besoins, sa fortune, puisse y trouver ce qu'il cherche, nous en avons varié le contenu. Les maisons de luxe destinées à l'habitation d'une seule famille, ou qui, par leur fastueuse grandeur, sont peu susceptibles d'être reproduites, n'y occupent qu'une place secondaire; nous avons donné la préférence à celles dites à location, ou qui sont destinées à satisfaire à des besoins généraux; et chaque fois que la variété dans la distribution intérieure des différens étages d'une même Maison a présenté de l'intérêt, nous avons fait connaître cette variété en multipliant les plans. Nous n'avons point oublié non plus que l'irrégularité de beaucoup de terrains de ville présente souvent à l'architecte des problèmes presque insolubles. A l'effet d'aider à vaincre ces sortes de difficultés, nous avons réuni un certain nombre de plans de Maisons élevées sous l'influence de localités ou de servitudes particulières; cette partie de notre recueil n'en est peut-être ni la moins intéressante ni la moins utile.

Quant à notre choix de Maisons de campagne, il a été tenu le plus possible à la portée des fortunes moyennes ; et toujours, par des plans, des coupes, des élévations multipliés selon le besoin, nous avons tâché de faire connaître complètement l'œuvre qui nous a paru digne de fixer l'attention publique. Enfin, convaincu par l'expérience qu'un tel recueil perd de son utilité s'il ne réunit la fidélité du dessin à la pureté du trait, nous n'avons rien négligé pour le rendre digne, sous ce rapport comme sous tous les autres, du suffrage des artistes à qui nous l'offrons, et des architectes qui ont bien voulu nous communiquer les élémens nécessaires à sa composition.

TABLE

DES PLANCHES CONTENUES DANS CE VOLUME.

———

Maison rue de Las-Cases, n° 4. Protin, architecte. 1832. Pl. 1, 2, 3, 4.

Maison à Choisy-le-Roi, rue Saint-Louis. Feu Rousseau, architecte. 1801. Pl. 5.

Maison à l'angle de la place de la Madeleine et de la rue Tronchet, n° 2. L. N. M. Destouches, architecte. 1826. Pl. 6, 7, 8, 9, 10.

Maison rue de la Tour-des-Dames, n° 5. Haudebourt, architecte. Pl. 11, 12, 13.

Maison à Chessy, près Lagny. Feu L. Durand, architecte. 1816. Pl. 14, 15.

Maison rue de l'Est, n° 5. F. Debret, architecte. 1824. Pl. 16.

Maison rue de Madame, n° 6. Dupuis, architecte, 1834. Pl. 17, 18, 19, 20.

Plan de la place La Fayette. Elévation des maisons de cette place. A. Leclerc, architecte 1824. Pl. 21.

Maison place La Fayette, n° 9. A. Leclerc, architecte. 1825. Pl. 22.

Maison place La Fayette, n° 5. Pellechet, architecte. 1825. Pl. 23, 24.

Orangerie à Auteuil. F. Debret, architecte. 1823. Pl. 25.

Maison à Passy. G. A. B^{et}, architecte. 1828. Pl. 26, 27, 28.

Maison cité Beaujon. Protin, architecte. 1828. Pl. 29, 30.

Maison boulevart des Capucines, n° 7. J.-B. Lesueur, architecte. 1834. Pl. 31, 32.

Maison rue Neuve-de-Berri, n° 10 et 12. Famin, architecte. 1827. Pl. 33, 34.

Maison à Montmartre. 1820. Pl. 35.

Maison à Cormeil. F. Debret, architecte. 1824. Pl. 36, 37, 38, 39, 40.

Maison rue des Trois-Frères, n° 4. F. J. Lecointe, architecte. 1830. Pl. 41, 42, 43.

Maison terrain Belle-Chasse, n° 9. H. Van-Cleemputte, architecte. 1832. Pl. 44, 45.

Maison à Passy. G. A. B^{et}, architecte. 1829. Pl. 46, 47.

Maison rue de Londres, n° 25. H. Van-Cleemputte, architecte. 1827. Pl. 48, 49, 50, 51, 52.

Maison rue la Tour-des-Dames et rue de La Rochefoucault, n° 3. L. T. J. Visconti, architecte. 1821. Pl. 53, 54, 55, 56.

Maison rue Montaigne, n° 12. J. Lecointe, architecte. 1824. Pl. 57, 58.

Quatre Hôtels réunis donnant rue Saint-Dominique et rue de Las-Cases. L. J. L. Grillon, architecte. 1831. Pl. 59, 60, 61.

Maison rue Lepelletier, n° 9. Bernier, architecte. 1802. Pl. 62, 63, 64.

Pavillon dépendant d'une Maison rue Hauteville. L. Van-Cleemputte, architecte. 1833. Pl. 65, 66.

Maison de campagne aux environs de Bordeaux. J. Hittorff, architecte. 1830. Pl. 67, 68, 69, 70, 71.

Maison boulevart Bonne-Nouvelle, n° 31. J.-B. Lesueur, architecte. 1835. Pl. 72, 73.

Maison à Choisy-le-Roi, sur l'avenue. Cécile et Blanchon, architectes. 1827. Pl. 74, 75, 76.

Hôtel de Chastellux, rue de Varennes, n° 25. A. Leclerc, architecte. 1828. Pl. 77, 78, 79.

Maison rue du Bac, n° 82. Gourlier, architecte. 1822. Pl. 80, 81.

Maison à Dieuville, près Brienne. H. Destailleur, architecte. 1819. Pl. 82, 83, 84.

Maison sur le chemin de ronde de la barrière Montmartre. Philippon, architecte. Pl. 85, 86.

Maison rue de la Tour-des-Dames, n° 2. Biet, architecte. 1819. Pl. 87, 88, 89, 90, 91.

Maison boulevart Saint-Denis, n° 9. Dubois, architecte. 1828. Pl. 92, 93.

Maison à Saint-Germain-en-Laye. J. F. J. Lecointe, architecte. 1834. Pl. 94, 95, 96, 97.

Maison près d'Amboise. H. Destailleur, architecte. 1818. Pl. 98, 99, 100.

Maison rue d'Alger, n° 3. M. P. Gauthier, architecte. 1834. Pl. 101, 102, 103.

Maison place de la Madeleine, n° 16. Feu Perrier, architecte. 1829. Pl. 104, 105, 106.

Maison rue Saint-Denis, n° 303. C. P. Gourlier, architecte. 1833. Pl. 107, 108, 109.

Maison à Enghien, près Montmorency. Charpentier, architecte. 1832. Pl. 110.

Hôtel et Maison rue de la Chaussée-d'Antin, n° 31, Chatillon et Cannissié, architectes. 1833. Pl. 111, 112, 113, 114.

Laiterie exécutée aux environs d'Angers. H. Destailleur, architecte. 1829. Pl. 115.

Maison rue de Richelieu, n° 104. L. T. J. Visconti, architecte. 1835. Pl. 116, 117, 118.

Maison à Belleville. Maubertier, architecte. 1835. Pl. 119, 120.

Maison à Thiais. Philippon, architecte. 1827. Pl. 121, 122.

Maison rue du Bac, n° 11. L. N. M. Destouches, architecte. 1832. Pl. 123, 124, 125.

Maison boulevart des Capucines, n° 5. J.-B. Lesueur, architecte. 1835. Pl. 126, 127.

Maison à Nogent, près Montargis. H. Destailleur, architecte. 1821. P. 128, 129, 130.

Maison place de la Bourse, n° 8. Pellechet, architecte. 1834. Pl. 131, 132, 133.

Maison dite de François Ier, quartier des Champs-Elysées. Biet, architecte (1). Pl. 134, 135, 136, 137, 138.

Maisons à l'angle de la rue Neuve-Vivienne et du boulevart Montmartre, n° 11, 13 et 15. J. Lecointe, architecte. 1835. Pl. 139, 140, 141, 142.

Maison à Thiais. Feu L. Durand, architecte. 1825. Pl. 143.

Maison à Bellevue. P. Eudes, architecte. 1835. Pl. 144, 145.

Maison rue de la Bourse, n° 10. Pellechet, architecte. 1834. Pl. 146, 147.

Maison rue de la Bourse, n° 9, et rue de Richelieu, n° 76. Heurteloup, architecte. 1835. Pl. 148, 149.

Maison hors la grille du boulevart du Roi, à Versailles. B. Nepveu, architecte. 1834. Pl. 150.

Maison rue Neuve-Vivienne, n° 37. Heurteloup, architecte. 1835. Pl. 151, 152.

Hôtel rue Saint-Dominique-Saint-Germain, n° 111. Froelicher, architecte. 1829. Pl. 153, 154, 155.

Maison Marquis, rue Neuve-Vivienne, n° 44. B. Nepveu, architecte. 1831. Pl. 156, 157.

Maison rue de Vanneau, n° 8. Dussillon, architecte. 1835. Pl. 158, 159.

---

(1) La Façade de cette Maison, originairement construite sous le règne de François Ier, à Moret, près Fontainebleau, fut transportée à Paris en 1823, et reconstruite par les soins de M. Biet, architecte, membre du conseil des Bâtimens civils, d'après ses plans. Son importance est telle aux yeux des artistes, qu'ils ont donné le nom de *Quartier François Ier* à cette partie de la ville où elle a été édifiée.

Maison rue de Las Cases Nᵒ 14
Plan du rez-de-chaussée.

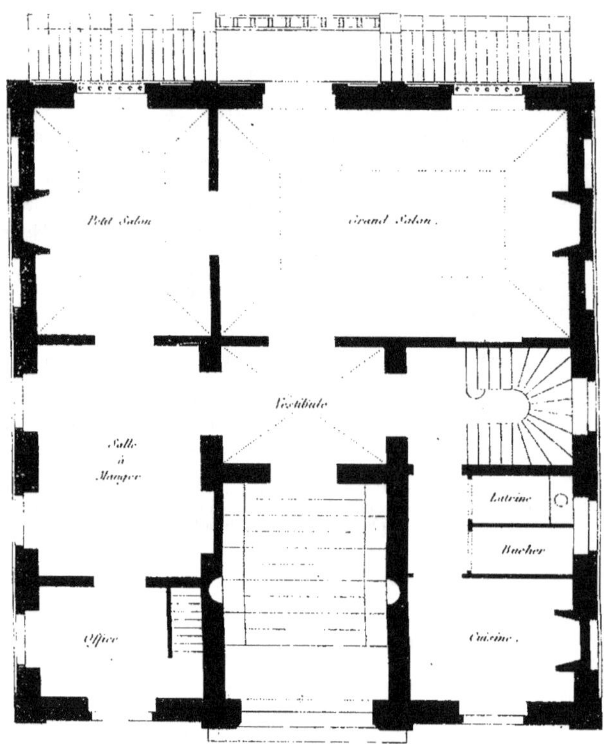

Protain arch.

Normand fils sc.

Maison, rue de Las Cases, N°.14.
Coupe sur la profondeur

Maison rue de Las cases N.º 14.
Elévation sur la rue.

Pratain arch.

Normand fils sc.

Maison rue de Las Cases N°. 14.

Élévation sur le Jardin.

Protain arch.

Normand, fils sc.

Maison à Choisy le Roi rue St. Louis
Elévation.

Pl. 5.

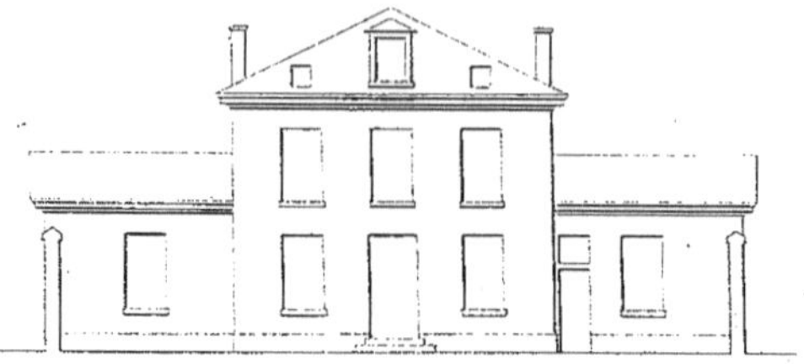

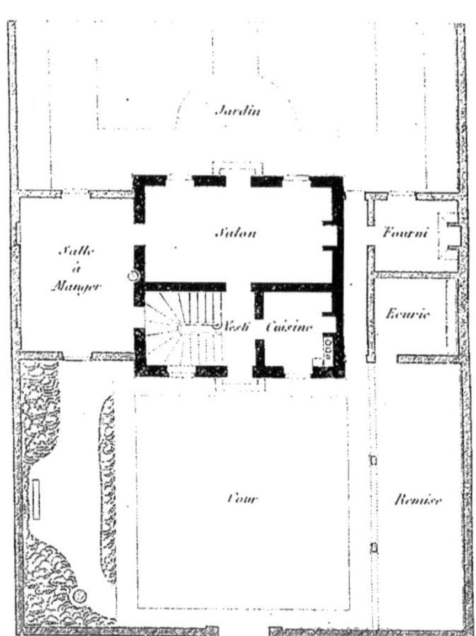

Rousseau arch.

Normand fils sc.

Maison à l'angle de la Place de la Madeleine
et de la rue Tronchet

Plan des Caves.

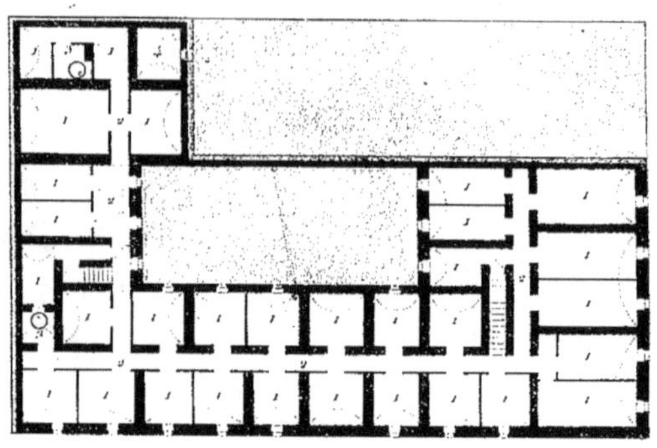

Plan du rez-de-Chaussée.

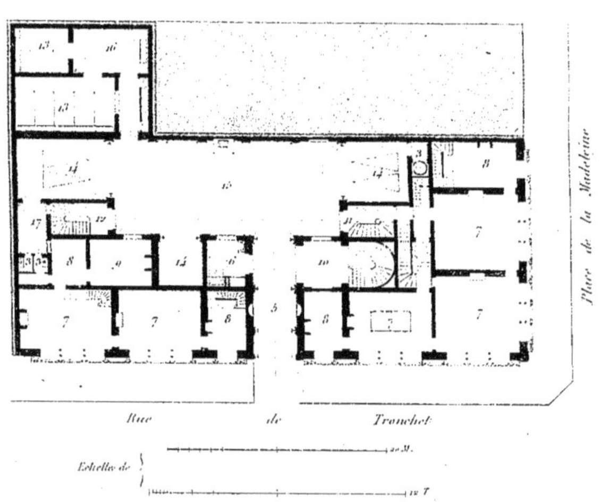

Renvoi des Plans.

1. Cave. 2. Corridor. 3. Inodore. 4. Trou à fumier. 5. Passage de Porte Cochère. 6. Portier. 7. Boutique
8. Salle. 9. Cuisine du Marchand. 10. Vestibule et grand escalier. 11. Escalier de service. 12. 2.me Escalier.
13. Écurie. 14. Remise. 15. Grande cour. 16. Cour des écuries. 17. Petite cour.

Destouche arch.

Normand, fils sc.

Plan de l'Entresol

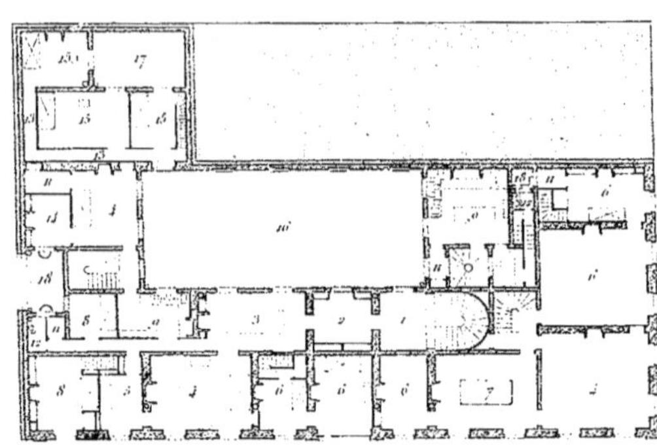

Plan du 1er 2me 3me et 4me Étage.

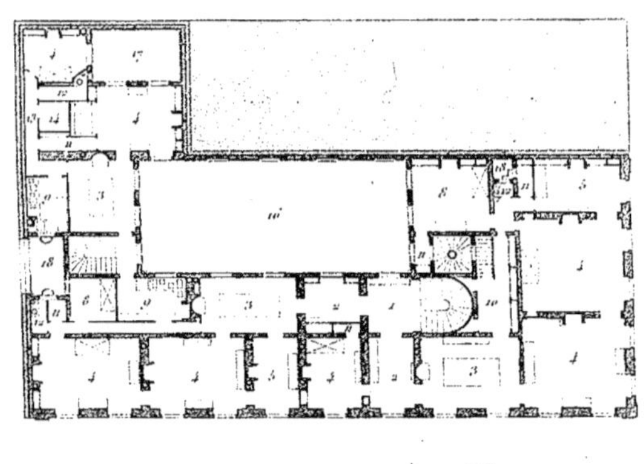

Echelle de

Renvoi des Plans

Destouche arch

Normand, fils sc.

1.Vestibule et palier. 2.Antichambre. 3.Salle à manger. 4. Salon et chambre à coucher
5.Boudoir. 6.Chambre de marchand. 7.Billard. 8.Chambre de bonne. 9.Cuisine. 10.Office. 11.Garde robe. 12.Anglaise. 13.Couloir. 14. Cabinet. 15.Chambre du Cocher. 16.Grande
cour. 17.Cour des écuries. 18.Petite cour.
N.ta La cuisine du 1er étage est à l'entresol. Celles des 2me 3me et 4me sont prises dans la pièce N° 8.

Plan du Comble.

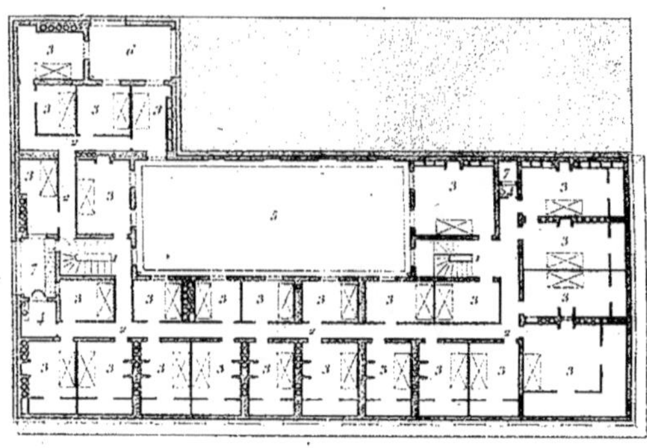

Plan de la Terrasse.

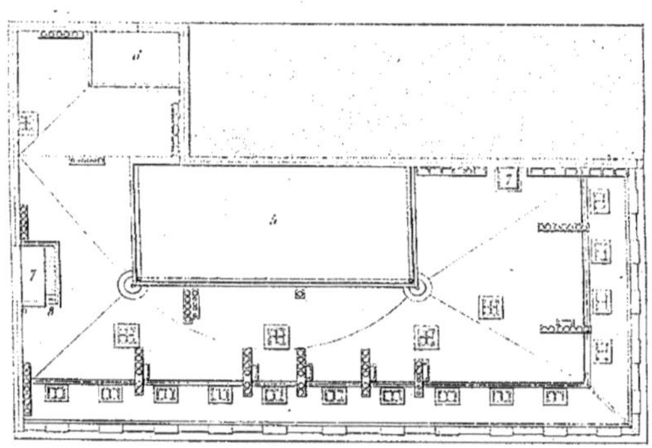

Echelle de

Destouche arch.

Normand fils sc.

Renvoi des Plans.

1. Escalier. 2. Corridor. 3. Chambre. 4. Latrines. 5. Grande cour. 6. Cour des écuries.
7. Petite cour. 8. Escalier de la terrasse.

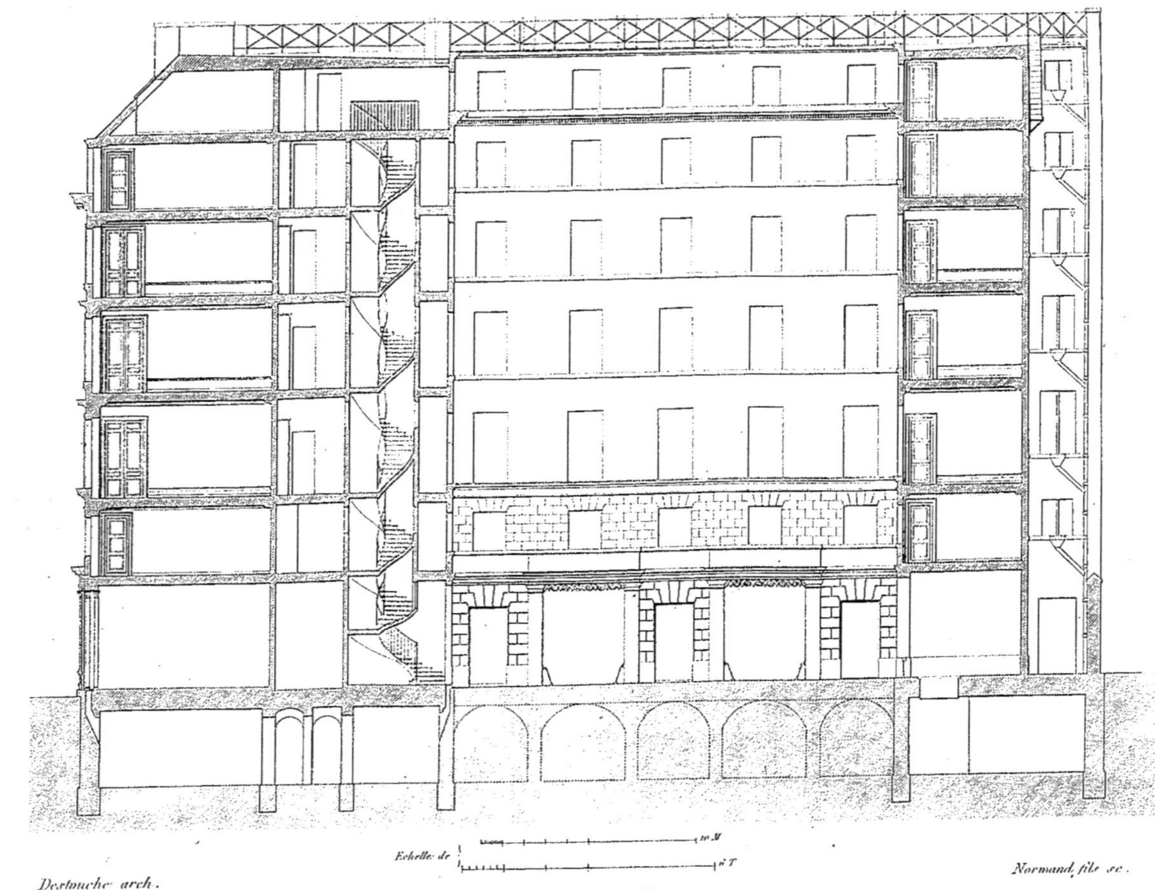

Coupe sur la longueur de la grande cour.

Élévation de la Maison à l'angle de la Place de la Madeleine, et de la rue Trouchet
(Côté de la rue Trouchet.)
Echelle de
Destouche arch.
Normand, fils sc.
Pl. 10.

Maison rue de la Tour des Dames N° 5.

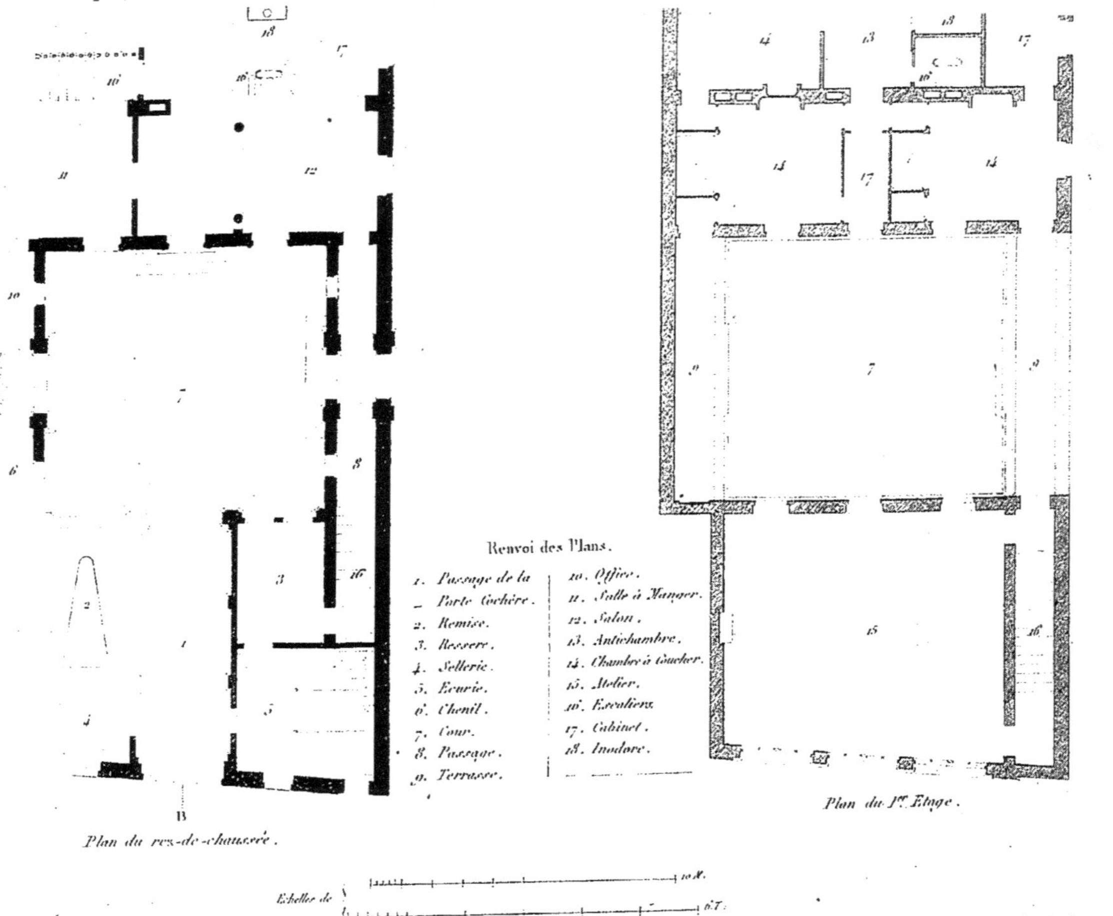
Pl 11.
Renvoi des Plans.
1. Passage de la
— Porte Cochère.
2. Remise.
3. Ressere.
4. Sellerie.
5. Ecurie.
6. Chenil.
7. Cour.
8. Passage.
9. Terrasse.
10. Office.
11. Salle à Manger.
12. Salon.
13. Antichambre.
14. Chambre à coucher.
15. Atelier.
16. Escaliers.
17. Cabinet.
18. Inodore.
Plan du rez-de-chaussée.
Plan du 1er. Etage.
Echelle de
10 M.
6.7.
Haudebourt arch.
Olivier de Castres sc.

Coupe sur la ligne A.B.
Haudebourt arch.
Echelles de
Olivier de Castres sc.
Pl. 12.

Élévation sur la rue.

Échelles de ⎰   ⎱

Plan des Caves
(Voir la Coupe Pl.12.)

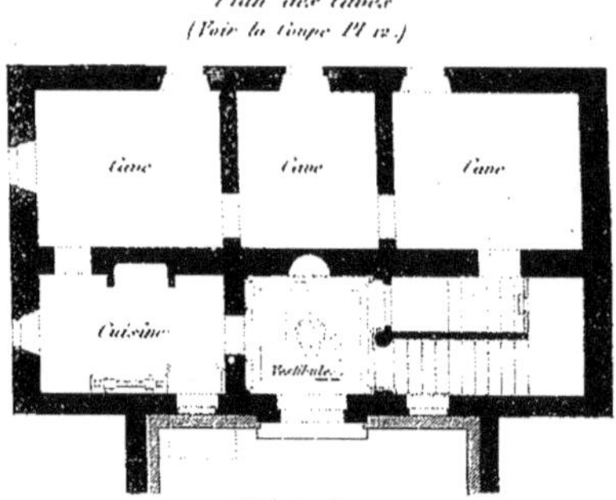

Côté de l'avenue

Échelles de ⎰   ⎱

Haudebourt arch.   Olivier de Castres sc.

Plan du Premier Étage.

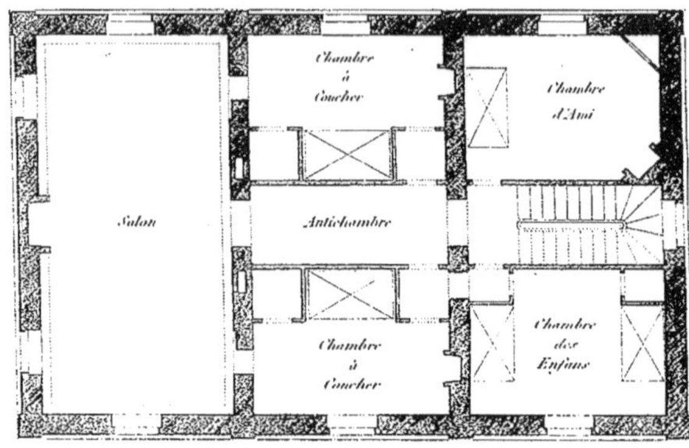

Plan du rez-de-Chaussée

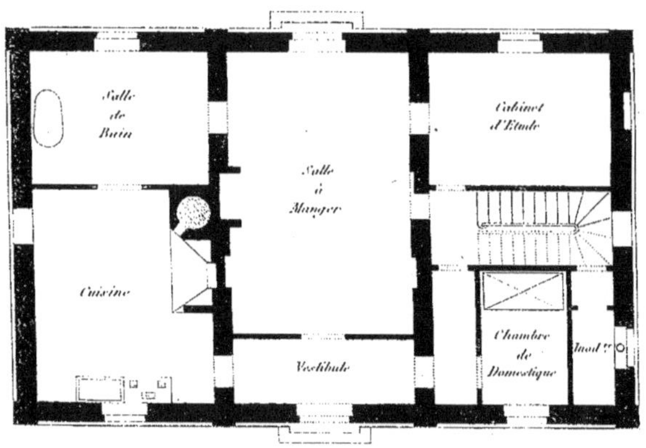

Echelle de

L. Durand arch.   Normand, fils sc.

Maison à Chessy près Lagny

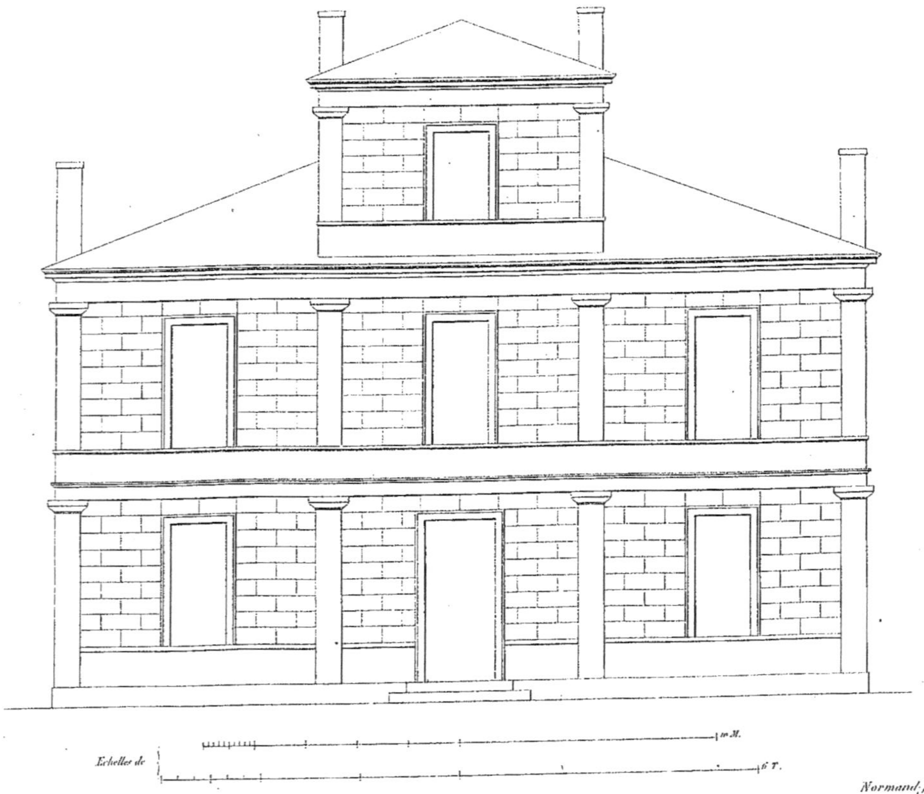

Élévation sur la rue.

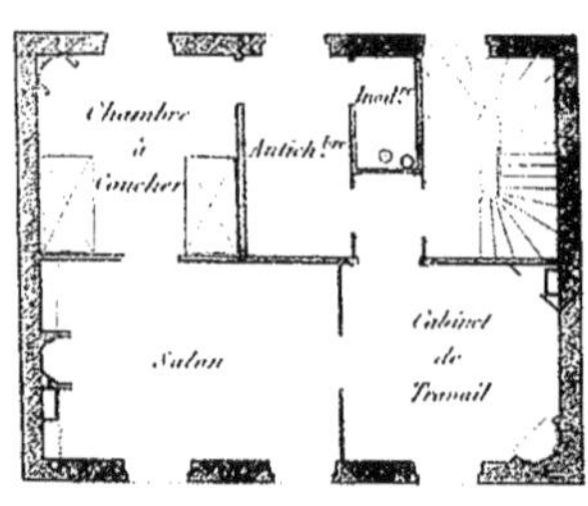

Plan du 1.er Étage.

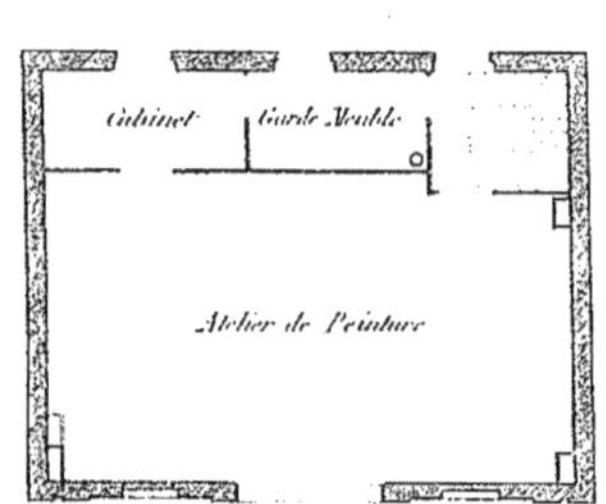

Plan du 2.me Étage.

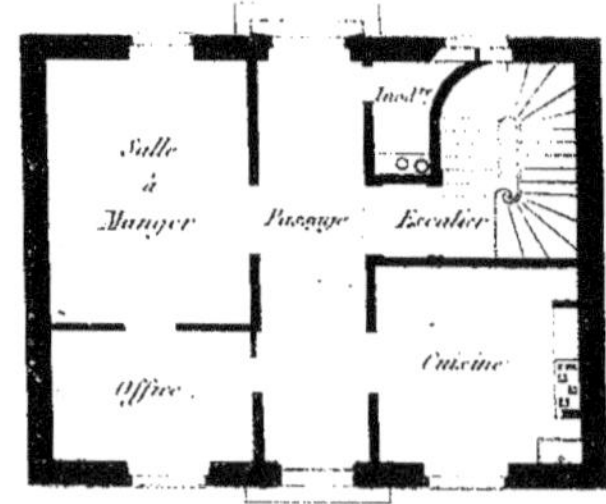

Plan du rez-de-chaussée.

Échelles de

Debret arch. 1824.

Maison rue Madame N.° 6.
Plan du rez-de-chaussée.

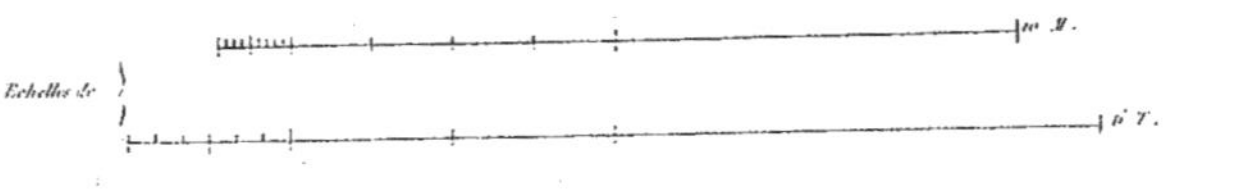

Dupuis arch. 1834

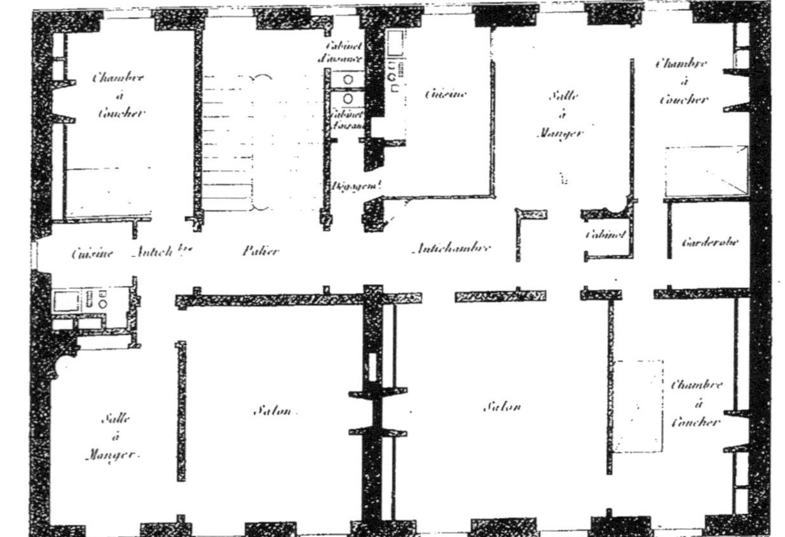

Dupuis arch.

Normand fils sc.

Maison rue Madame N.º 6.
Coupe sur la longueur.

Dupuis arch.

Normand fils sc.

Maison rue Madame N°6.

Élévation sur la rue.

Dupuis arch.

Normand fils sc.

Élévation des Maisons Place Lafayette

N.º 9.

Echelle de

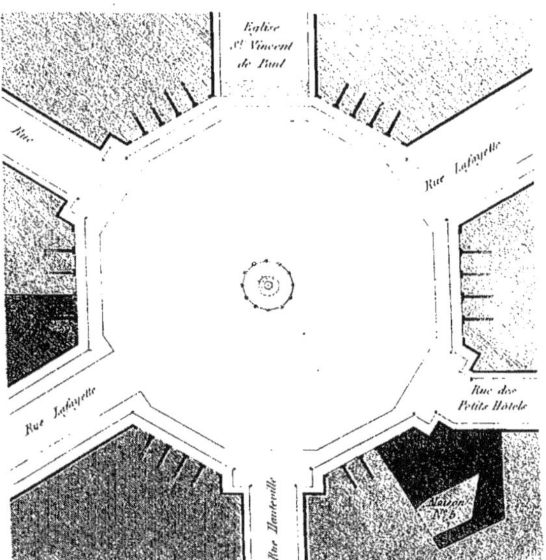

A. Leclere arch.

Plan de la Place Lafayette.

Normand fils sc.

Echelle de

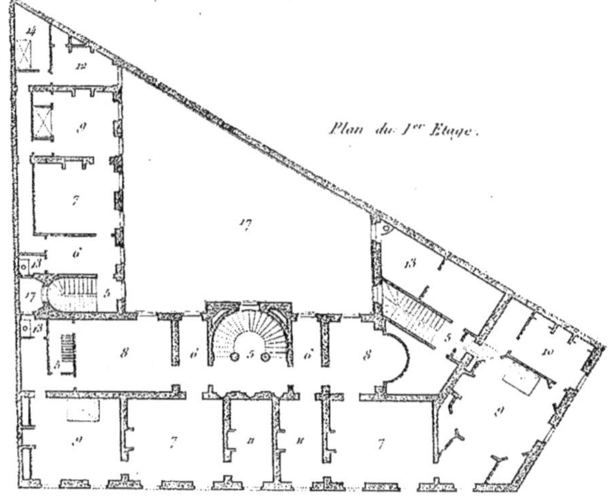

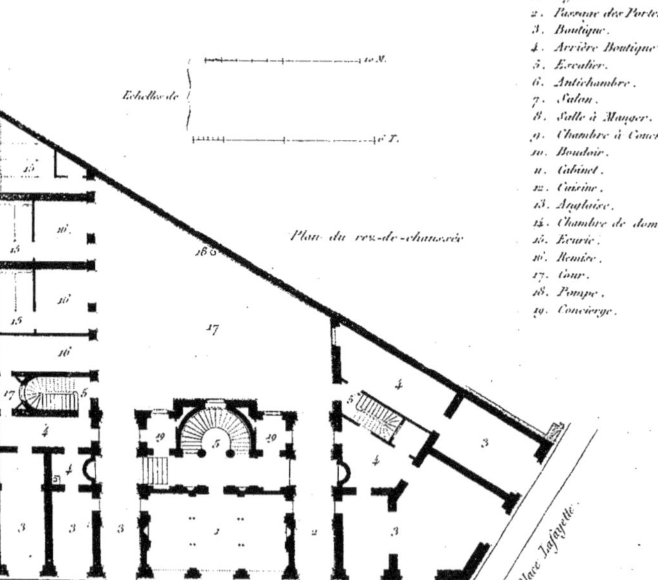

Renvoi des Plans

1. Café.
2. Passage des Portes Cochères.
3. Boutique.
4. Arrière Boutique.
5. Escalier.
6. Antichambre.
7. Salon.
8. Salle à Manger.
9. Chambre à Coucher.
10. Boudoir.
11. Cabinet.
12. Cuisine.
13. Anglaise.
14. Chambre de domestique.
15. Ecurie.
16. Remise.
17. Cour.
18. Pompe.
19. Concierge.

A. Leclere arch. 1825

Normand fils sc.

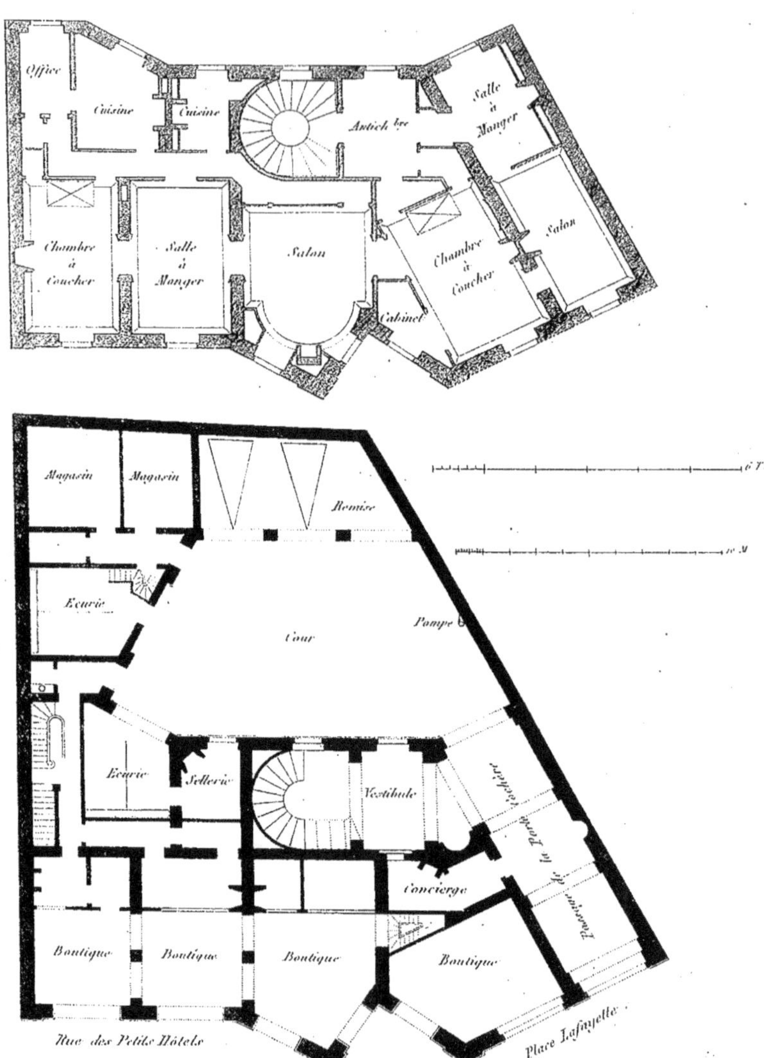

Maison place Lafayette N°5.
Plan du Premier Etage
Pl 23.
Office
Cuisine
Cuisine
Antich bre
Salle à Manger
Chambre à Coucher
Salle à Manger
Salon
Chambre à Coucher
Salon
Cabinet
Magasin
Magasin
Remise
Ecurie
Cour
Pompe
Ecurie
Sellerie
Vestibule
Concierge
Passage de la Porte cochère
Boutique
Boutique
Boutique
Boutique
Rue des Petits Hôtels
Place Lafayette
Plan du rez-de-Chaussée.
Pellechet arch.
Normand fils sc.

Maison place Lafayette N.º 5.

Élévation sur la rue

Pellechet arch.

Normand fils sc.

Orangerie à Auteuil.

Elévation Géométrale

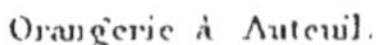

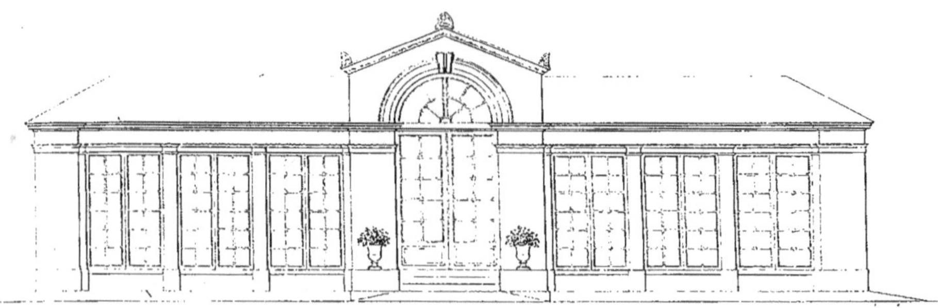

Plan

A

B

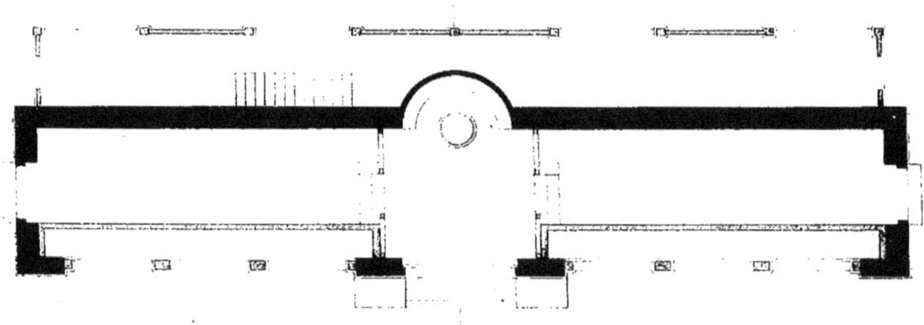

Elévation Latérale

Coupe sur A.B.

Plan de Cave.

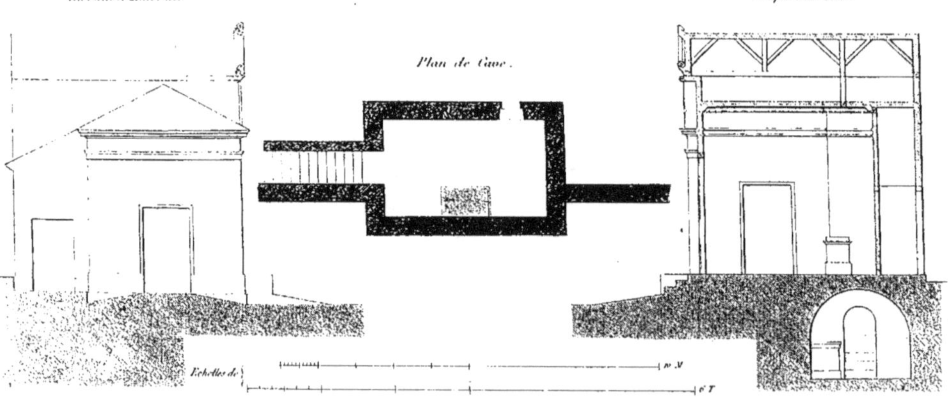

Debret arch. 1823

Normand fils sc.

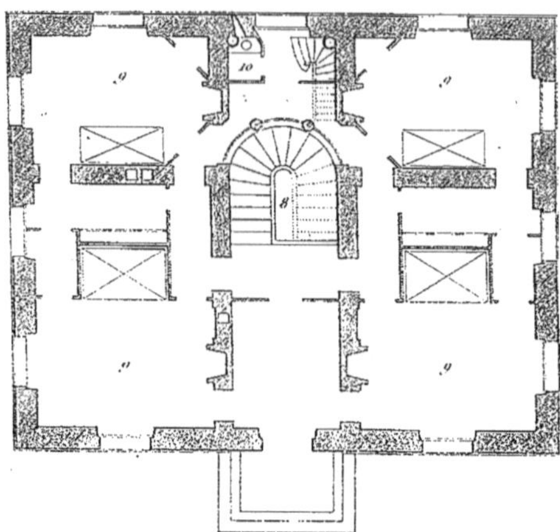

Plan du 1er Étage

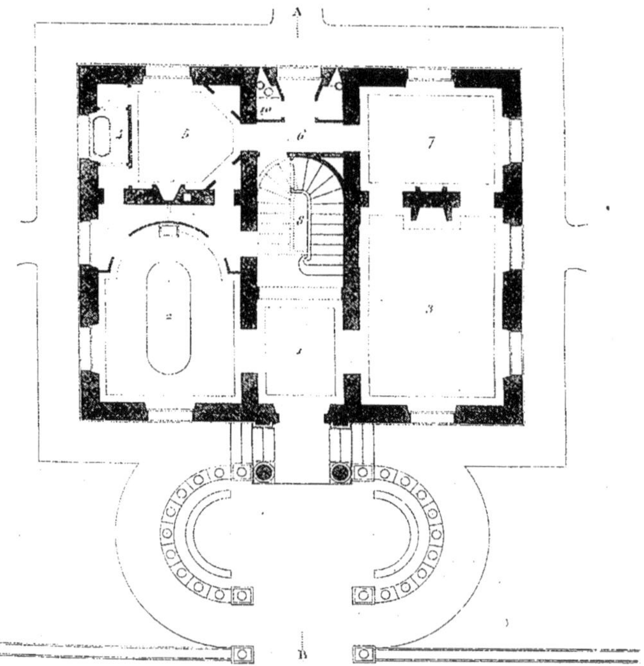

Plan du rez-de-chaussée.

Echelles de

Renvoi des Plans.

1 Vestibule. 2 Salle à manger. 3 Salon. 4 Salle de bain. 5 Boudoir. 6 Dégagement.
7 Cabinet de travail. 8 Escalier. 9 Chambre à coucher. 10 Anglaise.

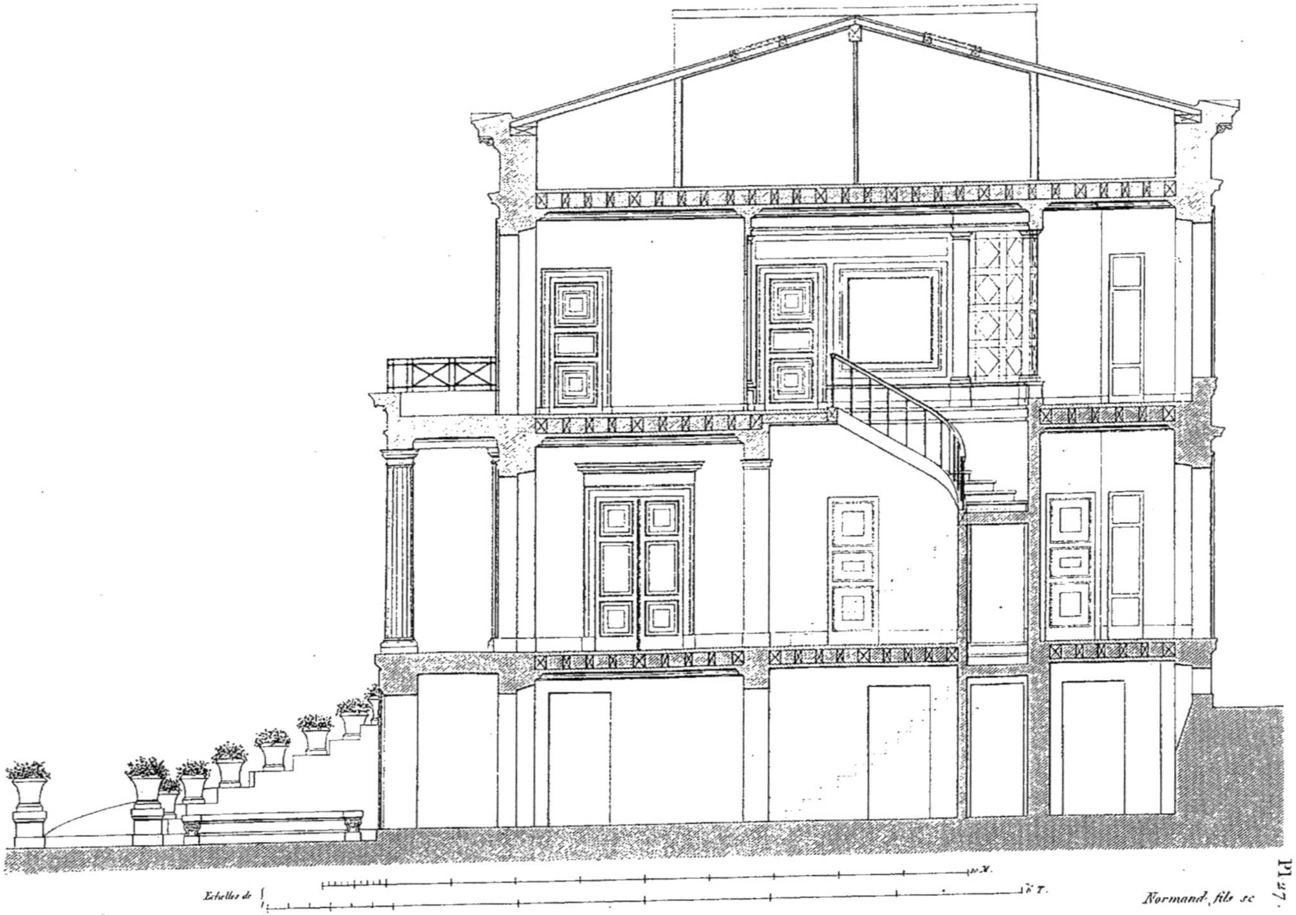

Blouet arch.
Echelles de
Normand fils sc
Pl. 47.

Élévation Géométrale 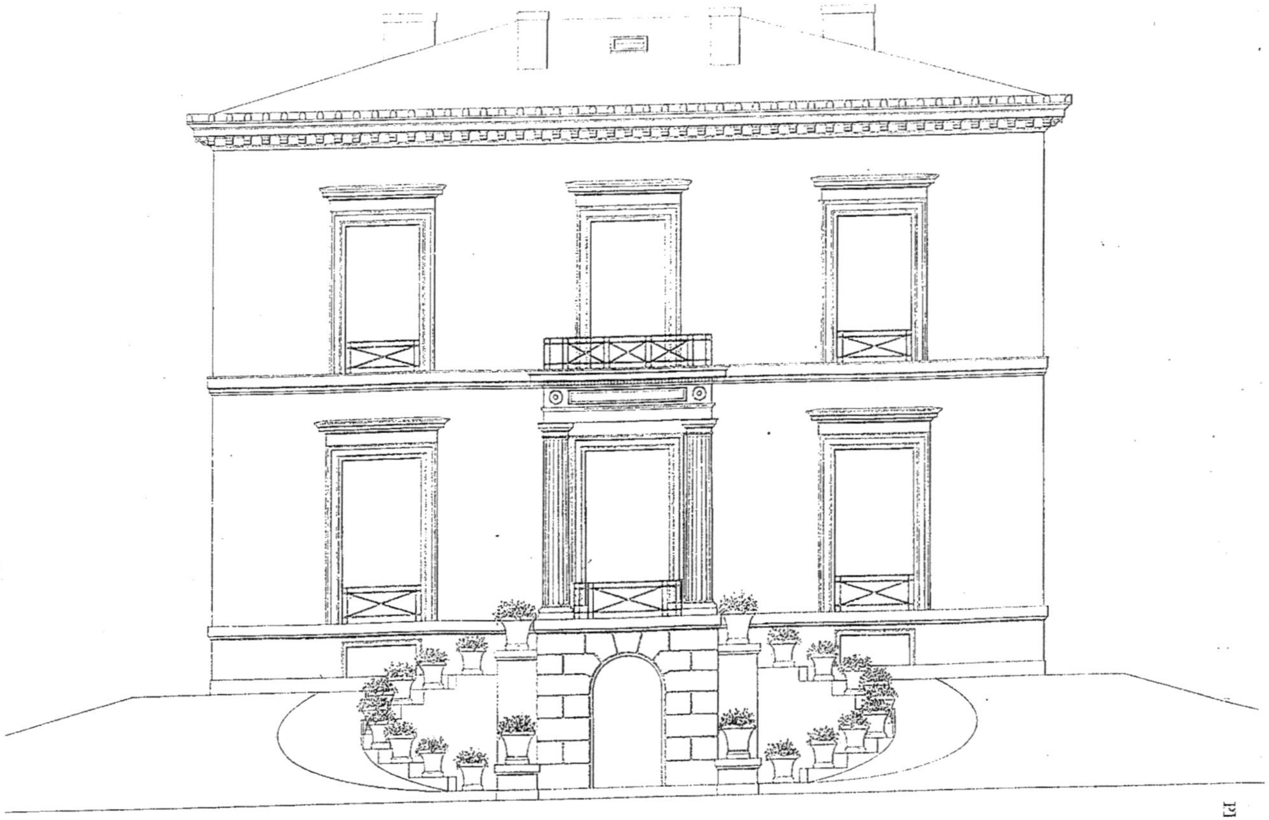
Pl. 28
Blouet arch.
Echelle de
Normand fils sc.

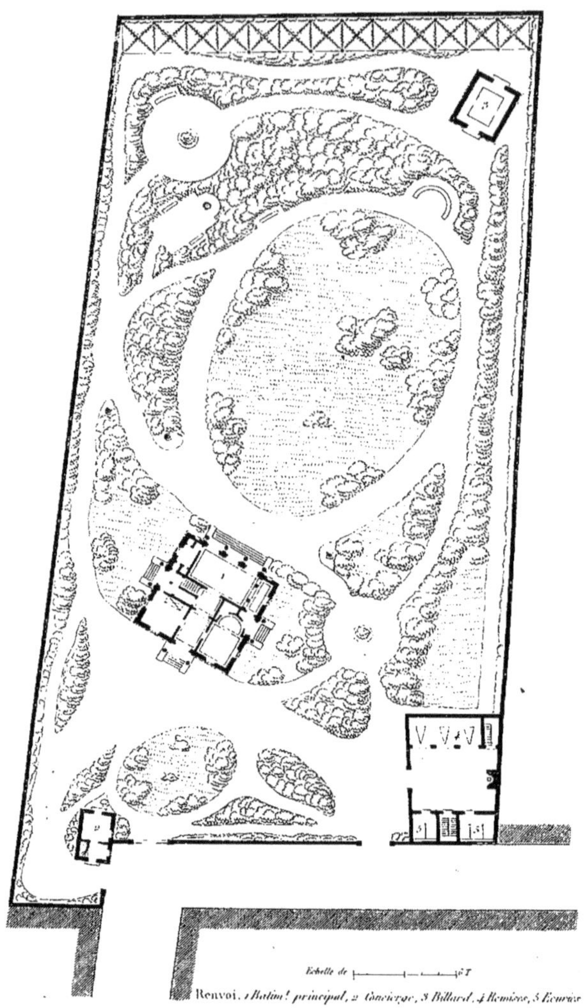
V. V V
Echelle de
Renvoi, 1 Bâtim.t principal, 2 Concierge, 3 Billard, 4 Remise, 5 Ecurie

Protain arch.   Élévations   Normand fils sc.

Maison Boulevart des Capucines N.º 7.

PLAN des Caves.

PLAN du rez-de-chaussée.

PLAN du 1.er Étage.

Echelle de

RENVOI DES PLANS: 1 Passage de la Porte Cochère. 2 Boutique. 3 Logem.t du Marchand. 4 Magasin. 6 Antichambre. 7 Salle à manger. 8 Chambre à coucher. 9 Salon. 10 Chambre de domestique. 11 Cabinet. 12 Cuisine. 13 Escalier. 14 Concierge. 15 Cour. 16 Pompe. 17 Anglaise. 18 Fosse.

J.B. Lesueur arch 1834.

Hibon sc.

Pl 51.

Elévation.

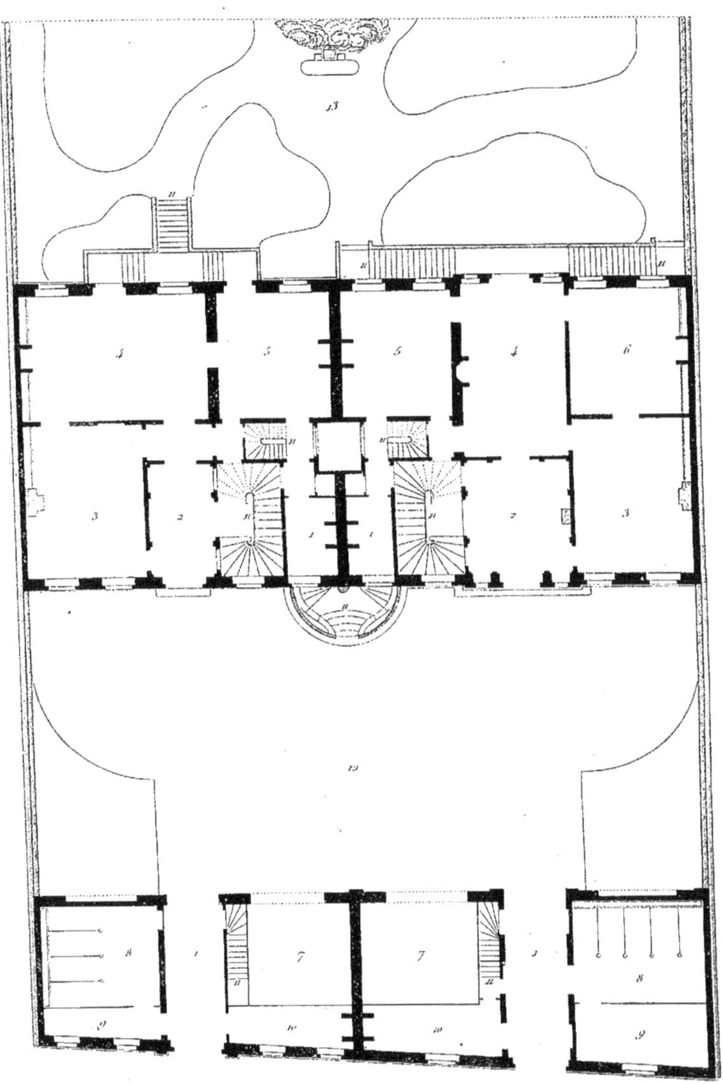

Echelle de |—————————————| 6 T.

Renvoi du Plan.

Famin arch. 1827.

1 Passage. 2 Antichambre. 3 Salle à manger. 4 Salon. 5 Chambre à coucher. 6 Cabinet de travail.
7 Remise. 8 Ecurie. 9 Sellerie. 10 Concierge. 11 Escalier. 12 tour. 13 Jardin.

Hibon sc .

Famin arch. 1827.

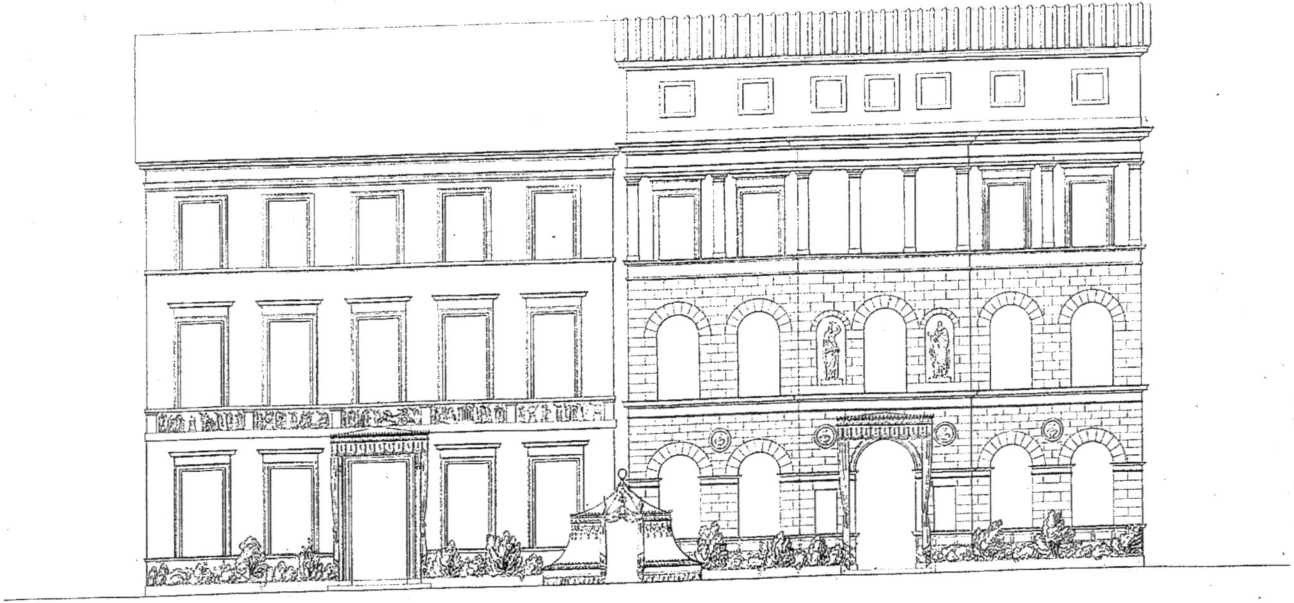

Echelle de

Hibon sc.

Pl 34.

Élévation Géométrale.

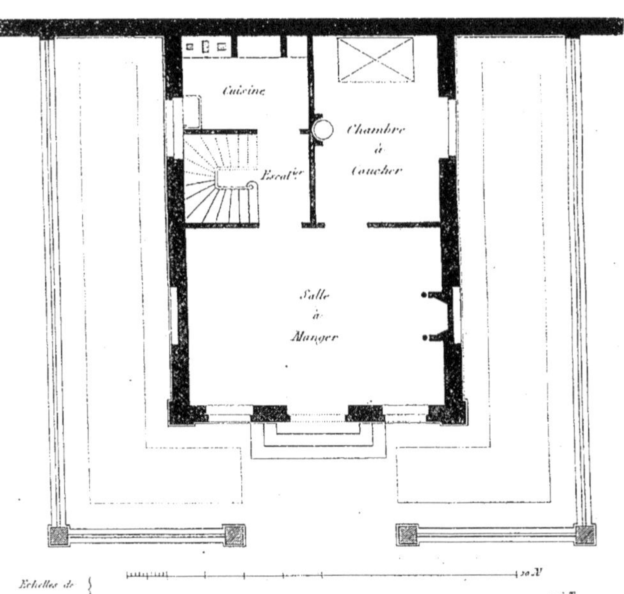

Echelles de   10 M

6 T

PLAN   *Normand fils sc.*

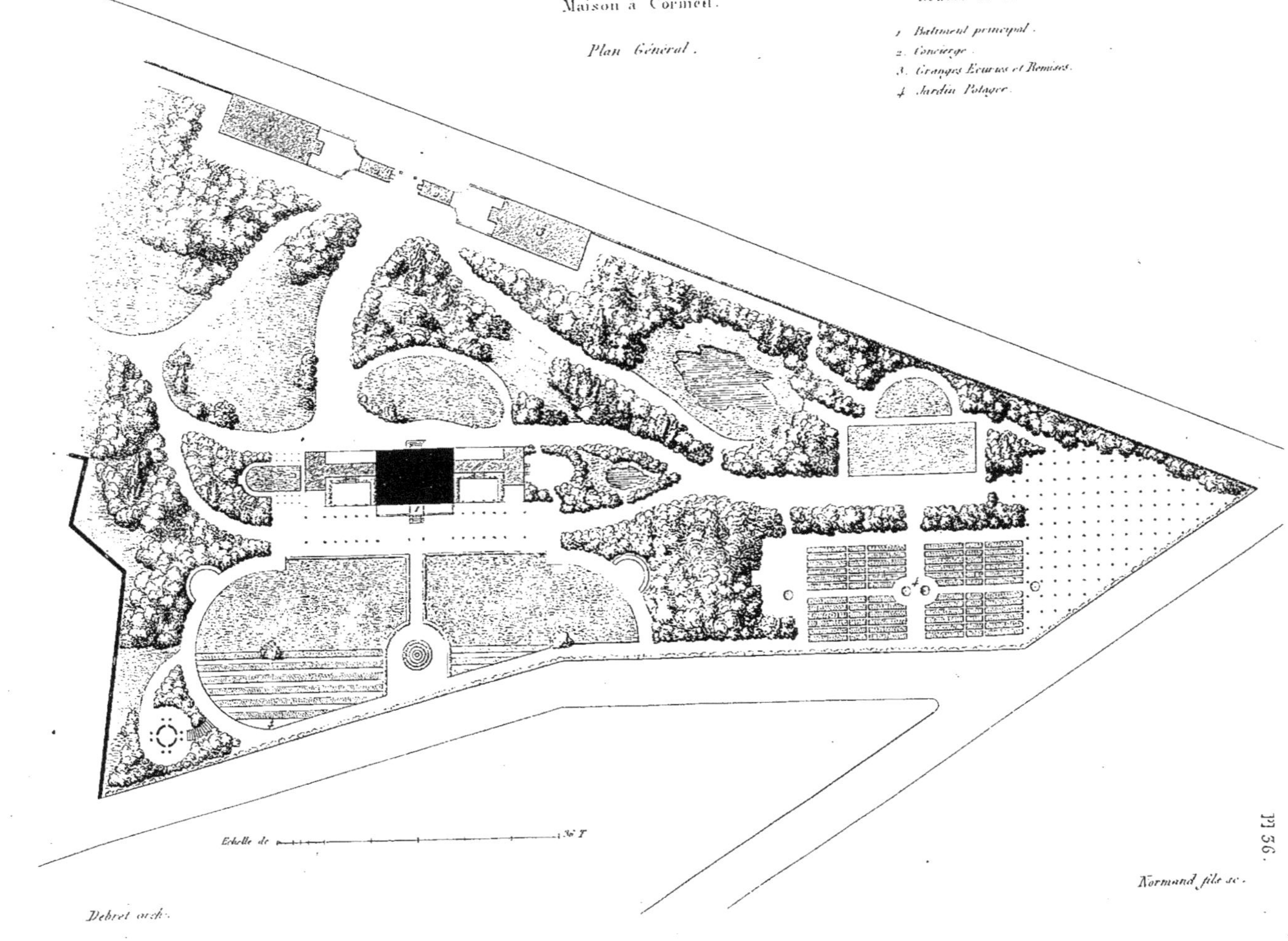

Maison à Cormeil.
Plan Général.
Renvoi du Plan.
1. Batiment principal.
2. Concierge.
3. Granges Écuries et Remises.
4. Jardin Potager.
Echelle de
Debret arch.
Normand fils sc.
Pl 36.

Plan et Élévation du Batiment principal.

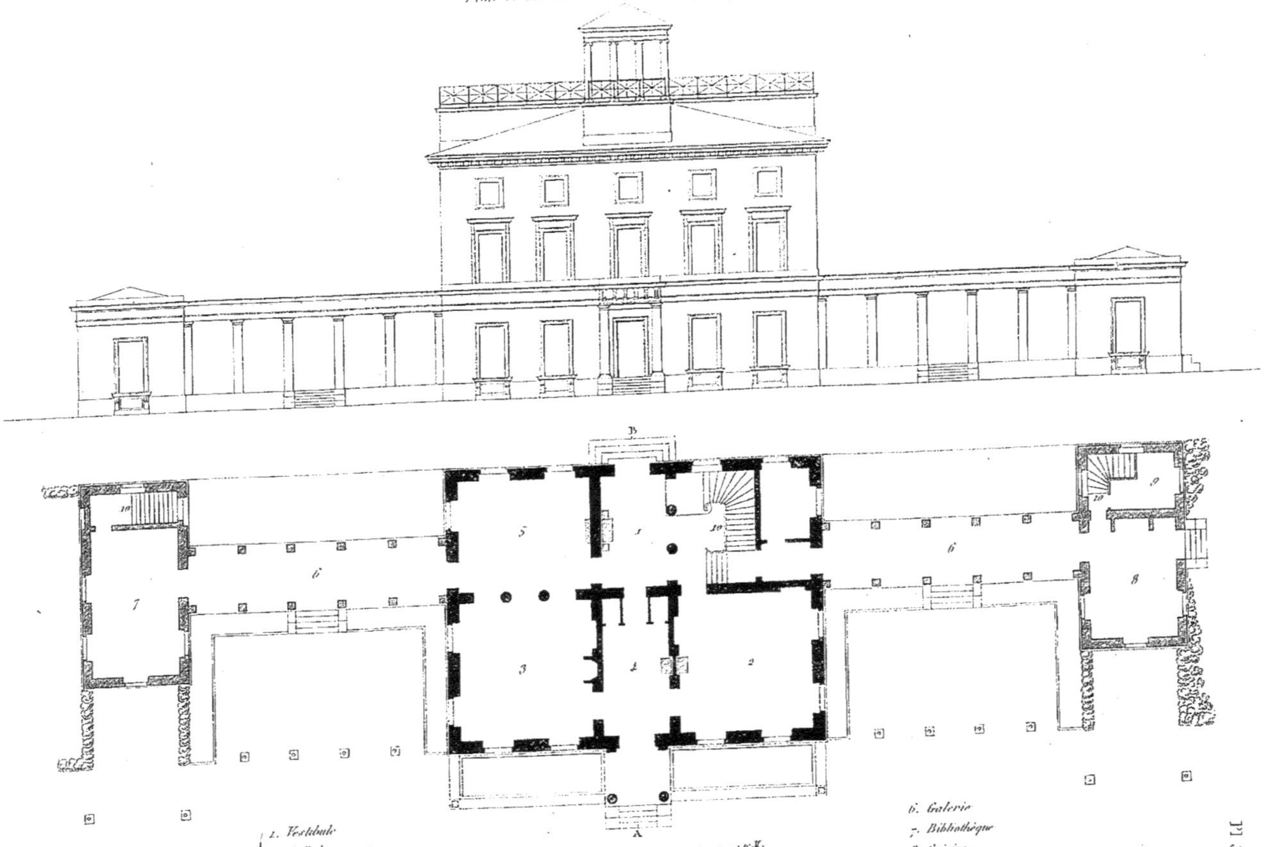

Renvoi du Plan

1. Vestibule
2. Salle à manger
3. Salon
4. Petit salon
5. Salle de Billard
6. Galerie
7. Bibliothèque
8. Cuisine
9. Office
10. Escalier

Echelle de 10 M. / 6 T.

Debret arch.

J. J. Olivier de Castres sc.

Pl 57.

Elévation Latérale
Coupe sur la ligne. A.B.
Echelles de
10 M
6 T
Desret arch.
J.J. Olivier de Castres sc.
Pl 38.

Élévation Géométrale
Echelles de
Debret arch.
J.J.Olivier de Castres sc.
Pl 39.

Plan Général et Elévations
des dépendances.

Echelles de { 10 M.
              12 T.

Renvoi du Plan.

1 Entrée. 2 Concierge. 3 Ecuries. 4 Remises. 5 Granges. 6 Basse-Cours.

Echelles de { 10 M.
              6 T.

Debret Arch.

J.J. Olivier de Castres sc.

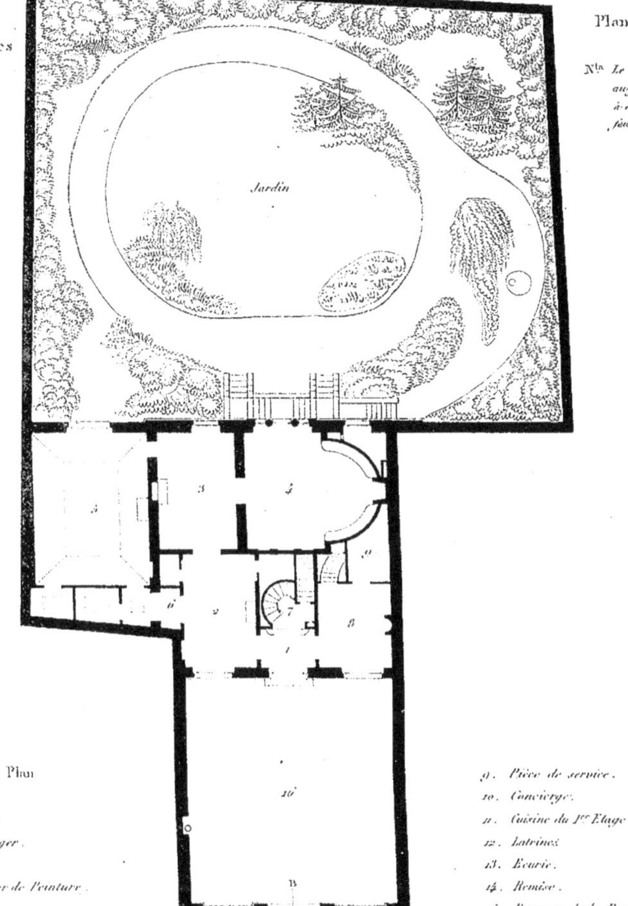

Pl 41.
Maison
Rue des trois Frères
N.° 4.
Plan Général.
N.a Le Corps de logis
au fond de la cour
à été restauré par
feu Hurtant.
Jardin
Renvoi du Plan
1. Vestibule.
2. Antichambre.
3. Salle à manger.
4. Salon.
5. Cabinet Atelier de Peinture.
6. Dégagement.
7. Escalier.
8. Commun.
9. Pièce de service.
10. Concierge.
11. Cuisine du 1er Etage.
12. Latrines.
13. Ecurie.
14. Remise.
15. Passage de la Porte Cochère.
16. Cour.
Echelles de
Rue des Trois Frères.
J. Lepointe arch. 1830.
J.J.Olivier de Castres sc.

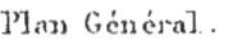

Elévation

Echelle de { ... 10.N.
6 T. Pour l'Elévation.
... 10.N.
6 T. Pour le Plan.

Plan du 1.er Etage
N.B. Le 2.me Etage est distribué comme le 1.er

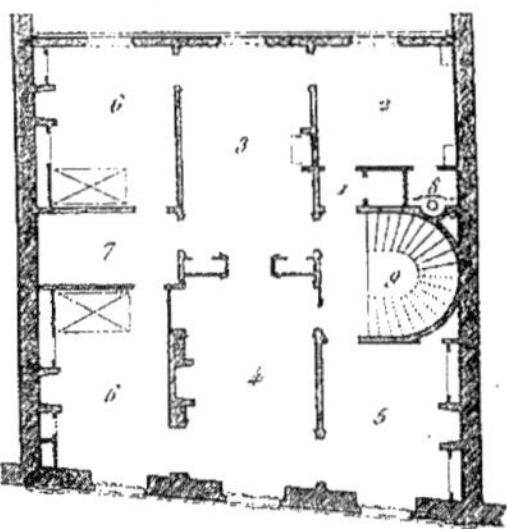

Renvoi du Plan.
1 Entrée. 2 Antichambre. 3 Salle à manger. 4 Salon. 5 Cabinet. 6 Chambre à Coucher.
7 Cabinet garde robe. 8 Anglaise. 9 Escalier.

J. Lecointe arch. 1830.

Normand fils sc.

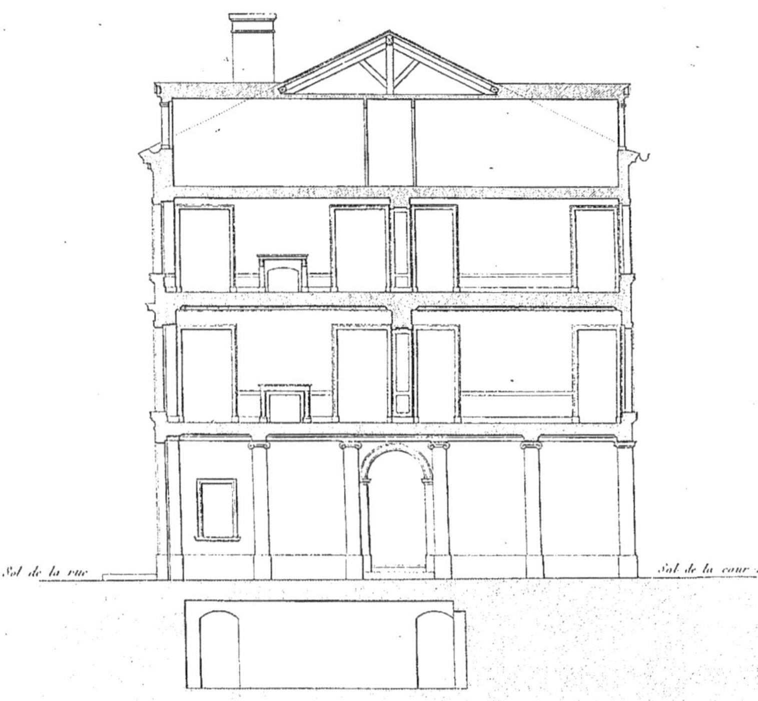

Plan de l'Etage sous le comble

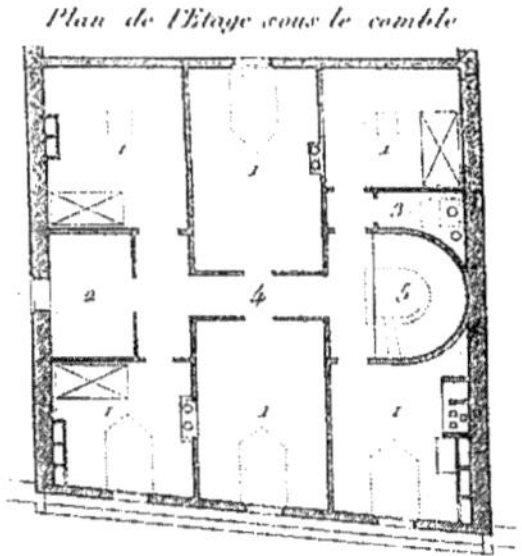

Renvoi du Plan

1 Chambre. 2 Cabinet. 3 Anglaise. 4 Dégagement. 5 Escalier avec lanterne Vitrée.

Lesueur arch. 1830.

Normand fils sc.

Maison Terrain Belle Chasse, N.º 9.

Plan du rez-de-Chaussée.

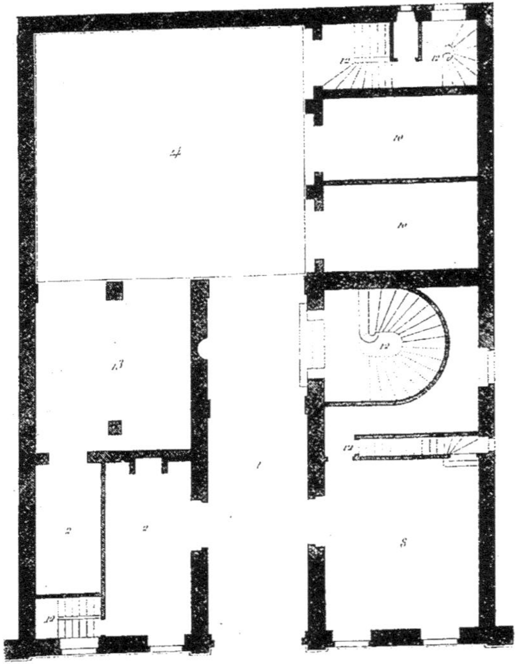

Plan du 1.er Etage.

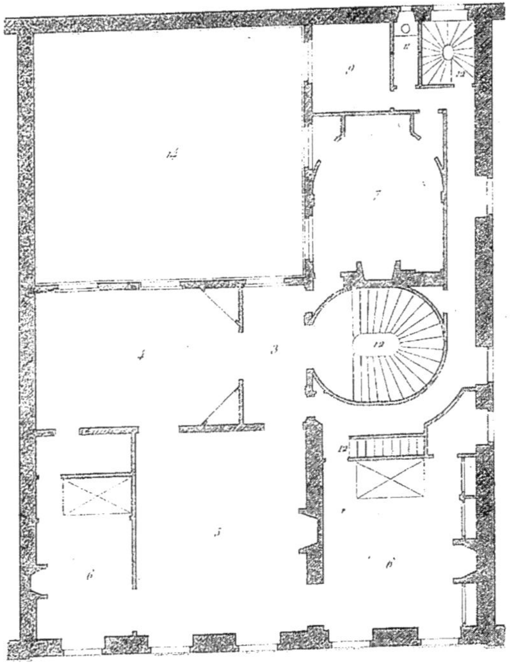

Echelles de

Renvoi des Plans.

H. Van-Cleimputte arch 1832.

1 Passage de la porte d'entrée. 2 Concierge. 3 Antichambre. 4 Salle à manger. 5 Salon. 6 Chambre à coucher. 7 Cabinet de travail.
8 Cuisine du 1.er 9 Chambre de domestique. 10 Ecurie et sellerie. 11 Anglaise. 12 Escalier. 13 Remise. 14 Cour.

Normand, fils sc.

Pl 44.

H. Van-Cléempuire arch. 1832.   Normand fils sc.

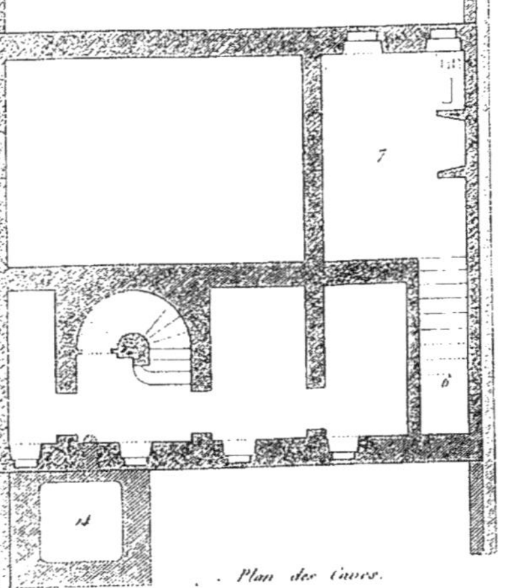
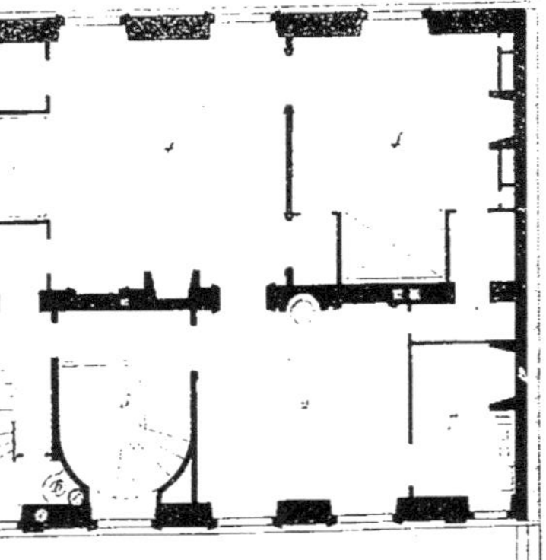

Plan du rez-de-chaussée
Maison à Passy
Plan du 1er Étage
Échelle de
Renvoi des Plans
1. Vestibule. 2 Salle à manger. 3 Salon. 4 Chambres à coucher. 5 Grands escaliers.
6 Escalier de la cuisine. 7 Cuisines. 8 Anglaises. 9 Passage. 10 Écurie. 11 Remise.
12 Cour. 13 Puits. 14 Fosse.
Plan des Caves.
C. A. B.ᵗ arch.
Hibon sc.
Pl 46

Elévation

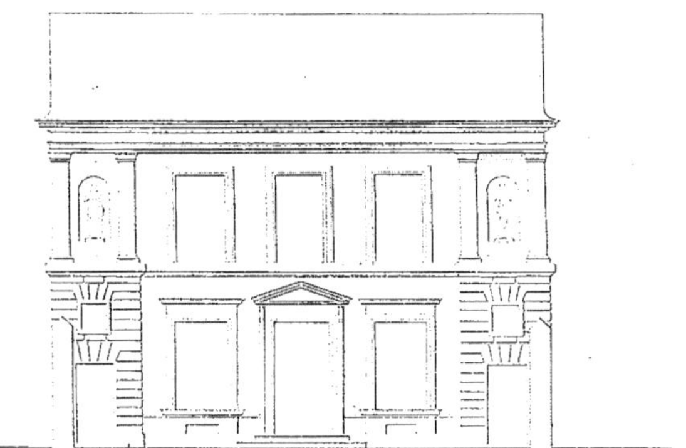

Coupe sur A.B.

Echelle de

Plan Général.

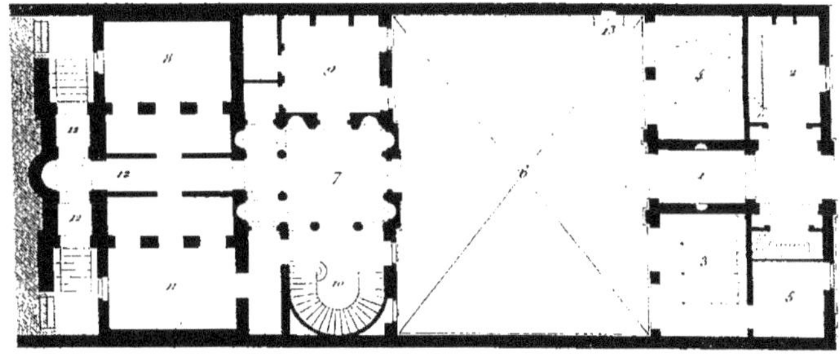

Maison rue de Londres N.º 25.

Renvoi du Plan

1 Passage de la porte cochère. 2 Concierge. 3 Écurie. 4 Remise. 5 Sellerie. 6 Cour. 7 Vestibule. 8 Commun. 9 Cuisine.
10 Grand escalier. 11 Cave. 12 Passage conduisant au jardin. 13 Pompe.

H. Van Cleempulle arch.   Normand fils sc.

Maison rue de Londres N.º 25.

Plan du 1.er Étage.

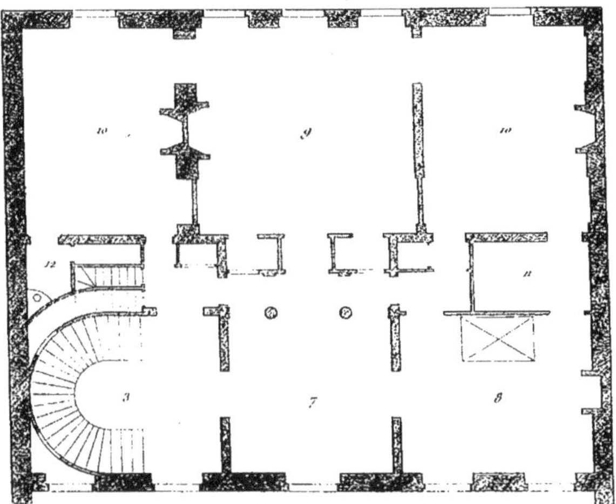

Plan du rez-de-Chaussée.

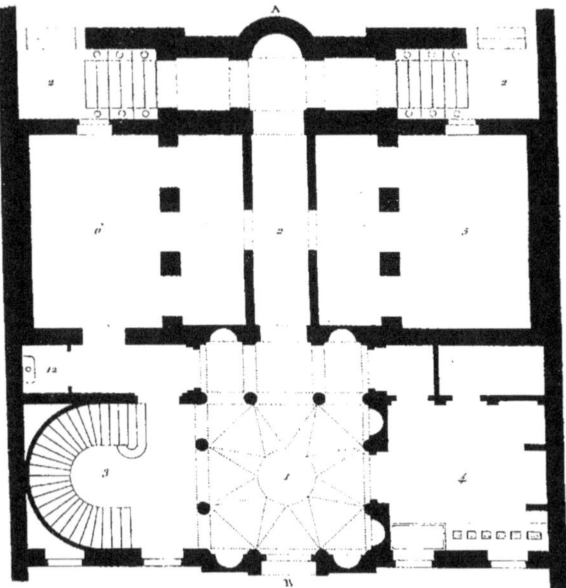

Échelle de

Renvoi des Plans { 1 Vestibule. 2 Passage conduisant au jardin. 3 Grand escalier. 4 Cuisine. 5 Communs. 6 Cave.
Van Cleempulte arch. 1827. { 7 Salle à manger. 8 Chambre à coucher. 9 Salon. 10 Chambres. 11 Cabinet de toilette. 12 Anglaise.

Normand fils sc.

Coupe sur la ligne AB
Echelle de
H. Van Cleempulte arch.
Normand fils sc.
Pl. 50.

Elevation de la Porte d'Entrée
Echelles de
10 M.
6 T.
Coupe Générale
Echelles de
10 M.
6 T.
H. Van Cléempulte arch.
Normand, fils sc.
Pl. 51.

Élévation sur la Cour.

Echelles de

H. Van Cleemputte arch.

Normand, fils sc.

Renvoi du Plan Général.

1. Vestibule.
2. Grand escalier.
3. Salle à manger.
4. Office des gens.
5. Cuisine.
6. Lavoir.
7. Garde manger.
8. Galeries couvertes.
9. Dégagement.
10. Passage de Service.
11. Cases
12. Calorifères.
13. Escaliers de dégagement
14. Jardin.

Dépendances.

15. Concierge.
16. Remise.
17. Écuries.
18. Latrine.
19. Abreuvoir.
20. Entrée

Echelles de

Visconti arch. 1821   Hibon sc.

Plan du 1er Etage.

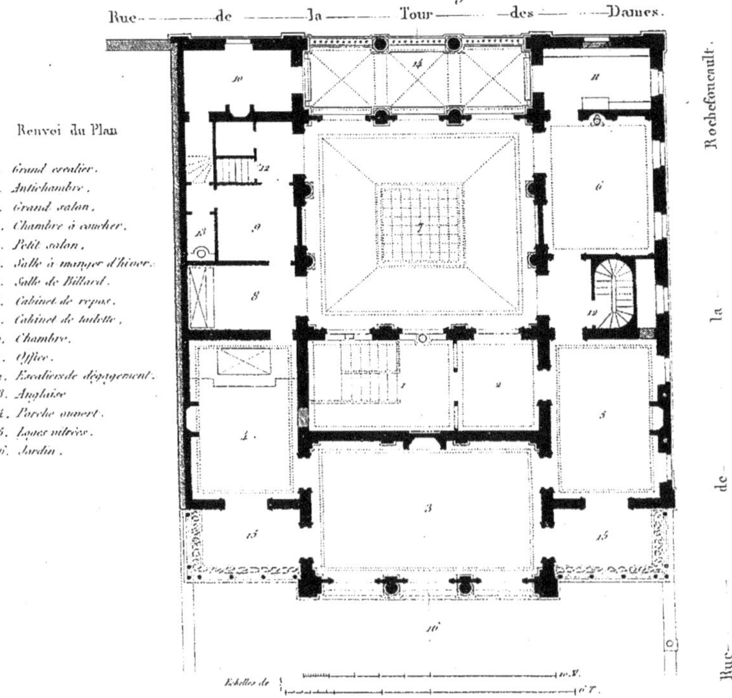

Renvoi du Plan

1. Grand escalier.
2. Antichambre.
3. Grand salon.
4. Chambre à coucher.
5. Petit salon.
6. Salle à manger d'hiver.
7. Salle de Billard.
8. Cabinet de repos.
9. Cabinet de toilette.
10. Chambre.
11. Office.
12. Escaliers de dégagement.
13. Anglaise.
14. Porche ouvert.
15. Loges vitrées.
16. Jardin.

Elévation sur la rue de la Tour des Dames.

Visconti arch. 1821.

Olivier de Castro sc.

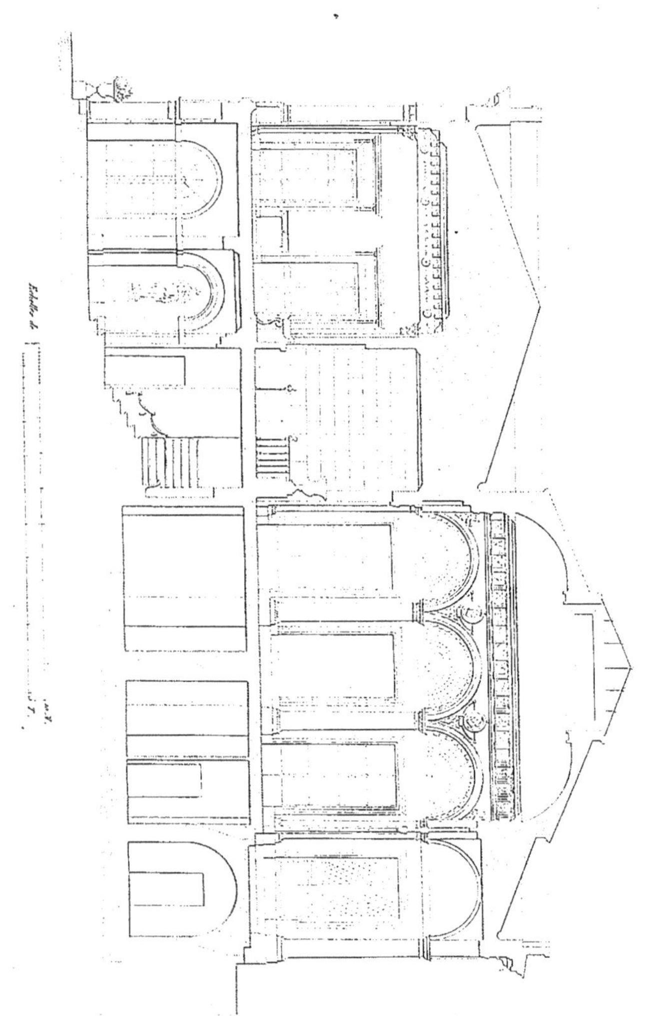

Vincent arch.
Echelle de
Coupe sur la ligne N.B.
Hôtel de ville.

Elévation sur le Jardin.

Echelles de

Visconti arch.

Normand fils sc.

Pl 56.

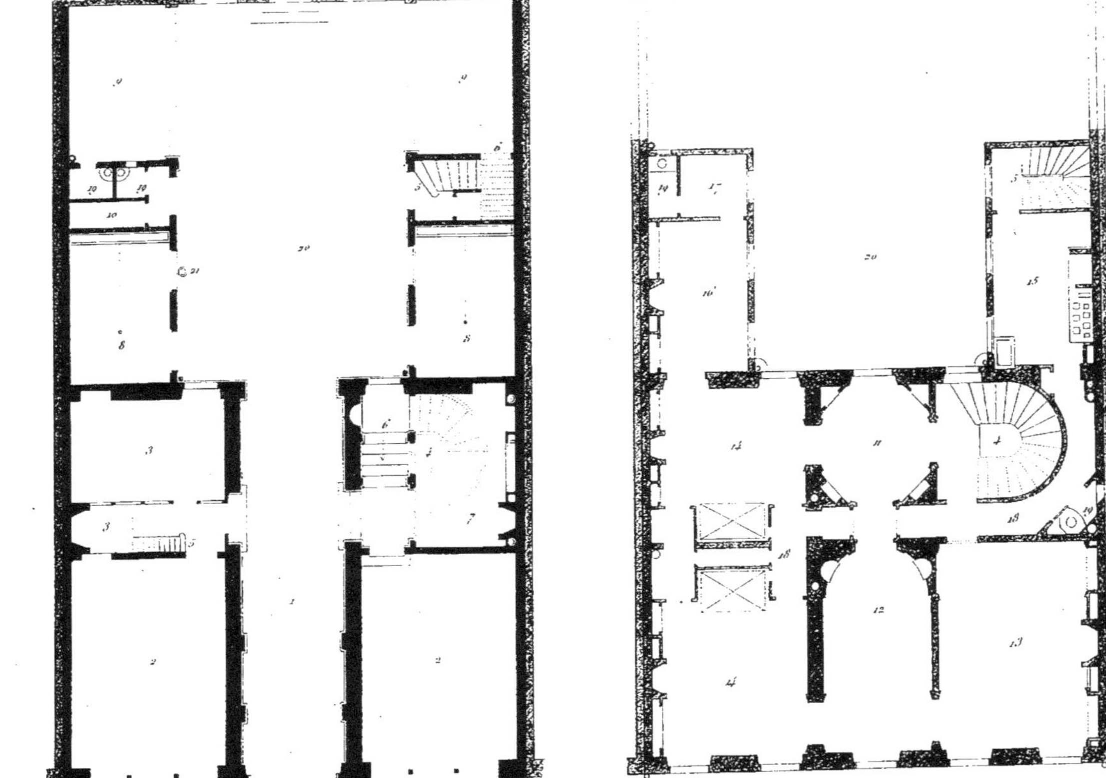

Plan du rez-de-Chaussée
Maison rue Montaigne N.º 12.
Plan du 1.er Étage.
Renvoi des Plans.
1 Passage de la Porte Cochère. 2 Boutiques. 3 Arrière boutique. 4 Escalier principal. 5 Escalier de service. 6 Descentes de eaux. 7 Portier. 8 Écuries. 9 Remises. 10 Sellerie.
11 Antichambre. 12 Salle à manger. 13 Salon. 14 Chambres à coucher. 15 Cuisine. 16 Chambre. 17 Cabinet de toilette. 18 Dégagement. 19 Anglaises. 20 Cour. 21 Pompe.
Echelle de
Lecointe arch 1824.
Olivier de Castres sc

Elévation.

Lecointe arch 1834

Normand fils sc.

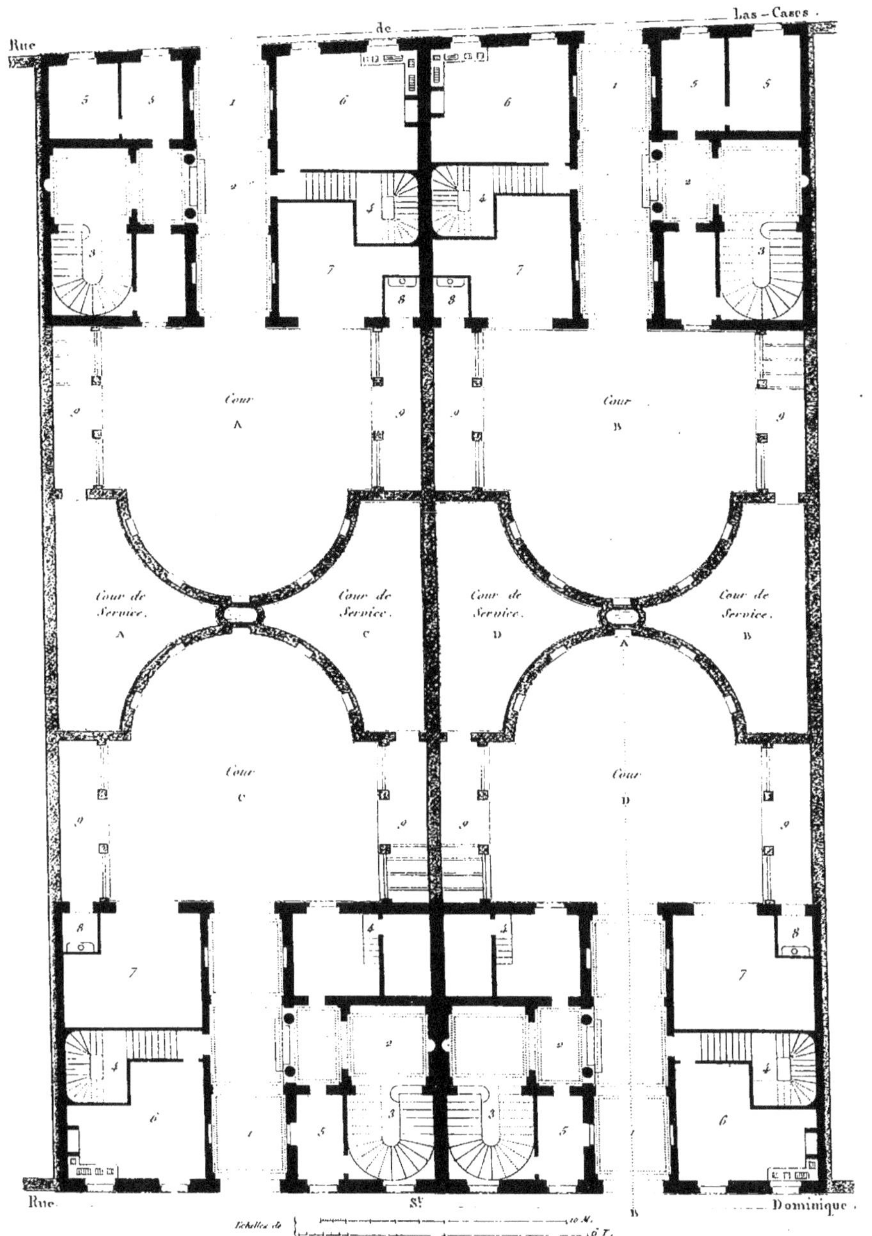

Renvoi du Plan

1 Passages des Voitures. 2 Vestibules. 3 Grands escaliers. 4 Escaliers de service. 5 Concierges. 6 Cuisines du 1er. 7 Remises. 8 Latrines. 9 Dégagements et Passages des écuries.

Grillon arch. 1831.   Olivier de Castres sc

Coupe d'un des Hotel
Sur la ligne A.B.
Echelle de
Olivier de Castres

Élévation sur la rue St. Dominique St. G.ⁿ N.° 91.

Grillon arch.

Olivier de Castres sc.

Maison rue Lepelletier, N°. 9.

Plan du rez-de-Chaussée.

Plan du 1er Étage.

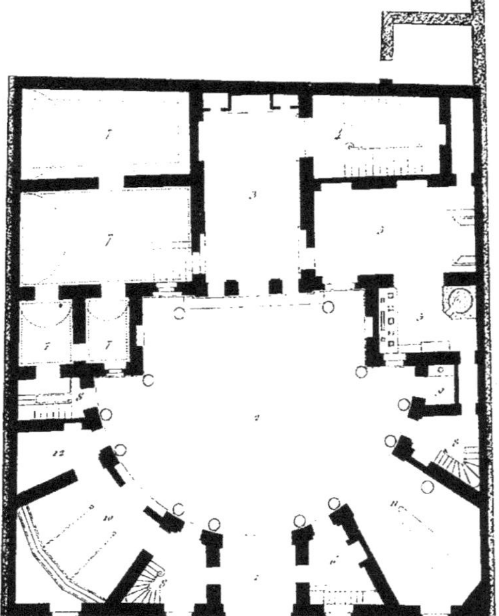

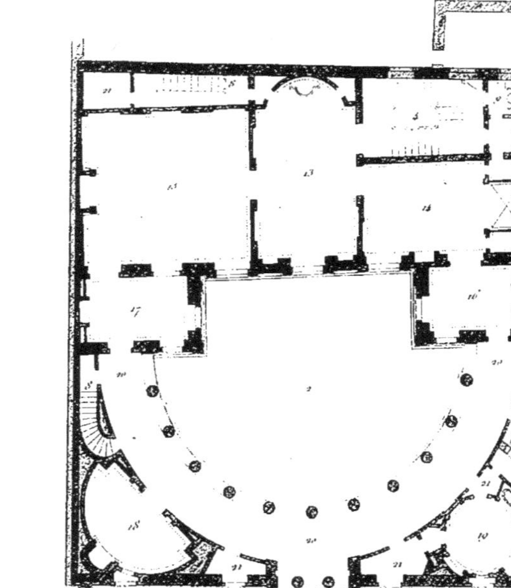

Echelles de

Renvoi des Plans.

1 Entrée. 2 Cour. 3 Vestibule. 4 Grand Escalier. 5 Cuisine. 6 Concierge. 7 Caves. 8 Escaliers de service. 9 Latrines et Anglaise. 10 Ecurie. 11 Remise. 12 Sellerie. 13 Salle à manger. 14 Chambre à coucher. 15 Salon. 16 Boudoir. 17 Cabinet d'étude. 18 Bibliothèque. 19 Salle de bain. 20 Galerie couverte. 21 Dégagement.

Bernier arch. 1802.

Olivier de Castres sc.

Pl. 62.

coupe sur la ligne A.B.
Echelle de
10 M.
5 T.
Bernier arch.
Normand fils sc.

Elévation sur la rue 
Echelles de
Bernier arch
Normand fils sc.
Pl 64.

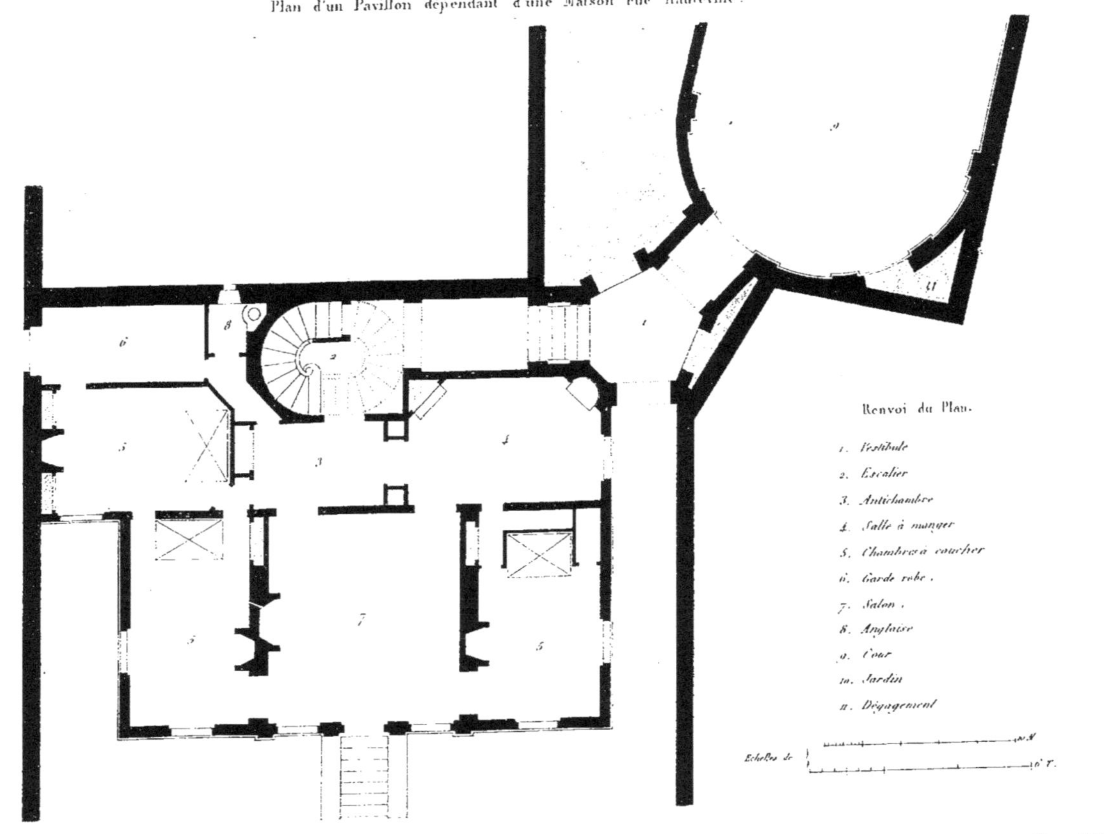

Plan d'un Pavillon dépendant d'une Maison rue Hauteville.

Elévation sur le Jardin.

L. Visa Cléempute arch.

Normand fils sc.

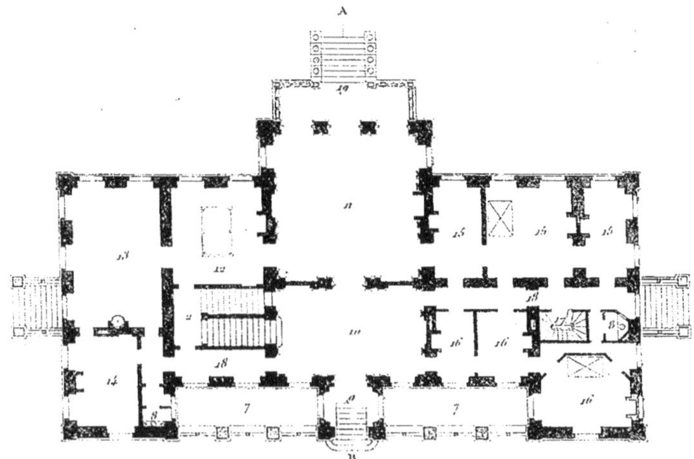

Plan du rez-de-chaussée.

Échelles de ⎰ ————————— 10.ᴹ
           ⎱ ————————— 6.ᵀ

Plan des caves

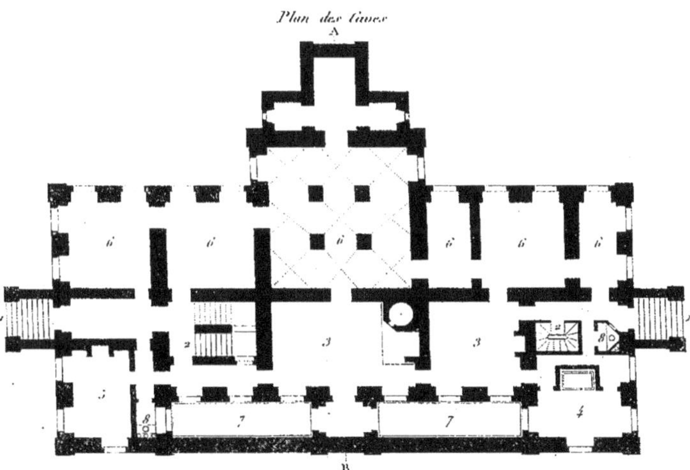

Renvoi des Plans.

1 Entrées des caves. 2 Escaliers montant au rez-de-chaussée. 3 Cuisine et garde manger. 4 Salle de bain. 5 Chambre de domestique. 6 Buanderie, cave, bucher. et dépendances. 7 Fosses. 8 Anglaises. 9 Porche. 10 Vestibule. 11 Salon. 12 Billard. 13 Salle à manger. 14 Chambre de domestique. 15 Appartement de Madame. 16 Appartement de Monsieur. 17 Escalier montant au 1.ᵉʳ étage. 18 Corridors. 19 Perron pour descendre au jardin.

Hittorff arch. 1830.   Olivier de Castres sc.

Plan du 2.me Etage.

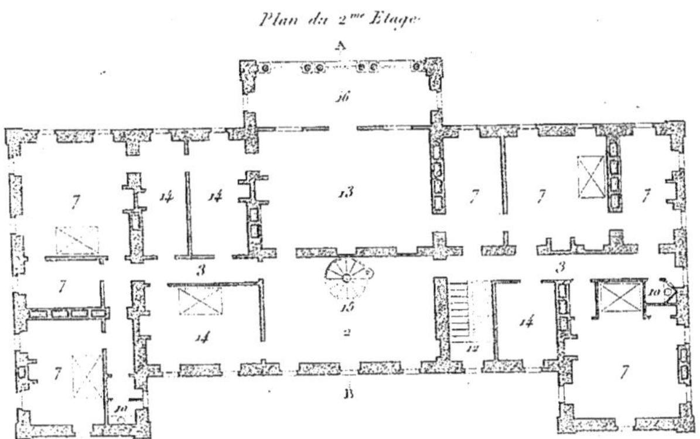

Echelles de

Plan du 1.er Etage.

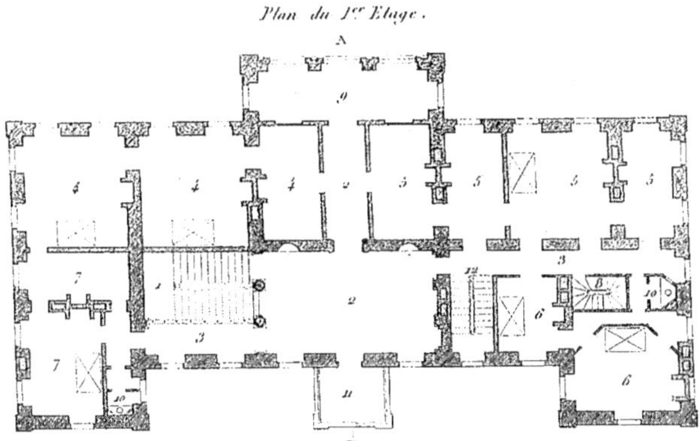

Renvoi des Plans.

1 Grand escalier. 2 Grandes pièces d'arrivée. 3 Corridors de communication. 4 Appartem.t composé de trois pièces. 5 Appartem.t composé de quatre pièces. 6 Chambres d'enfant. 7 Appartem.t d'ami. 8 Escalier conduisant au rez-de-chaussée. 9 Galerie. 10 Anglaises. 11 Balcon. 12 Escalier conduisant au 3.eme étage. 13 Lingerie. 14 Chambres de domestique. 15 Escalier conduisant au belvédère. 16 Terrasse donnant sur le parc.

Hittorff arch.   Olivier de Castres sc.

Coupe sur la ligne A.B.
Echelles de
10 M.
6 T.
Hittorff arch.
Olivier de Castro
Pl 69

L'élévation sur le Jardin
Echelles de
Horff arch.
Olivier de G.

Élévation sur la cour.
Echelles de
10 M.
6 T.
Hittorff arch.
Olivier de Caen

Maison Boulevart Bonne Nouvelle

Plan du Rez-de-Chaussée.

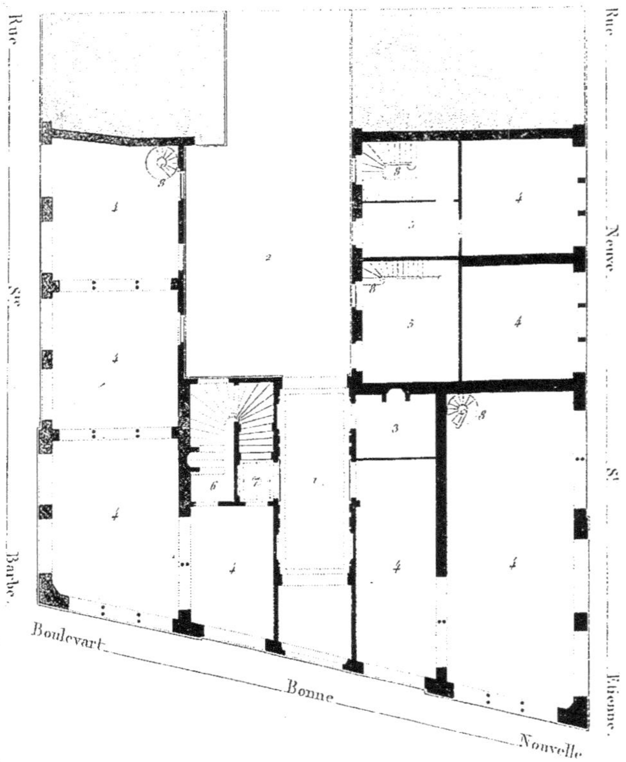
Rue Ste Barbe.
Rue Neuve St Etienne.
Boulevart Bonne Nouvelle

Plan du 1er Etage.

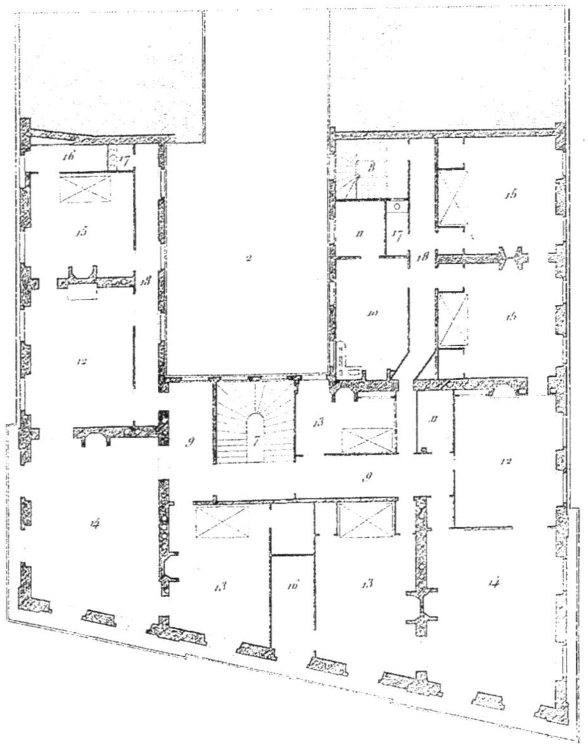

Echelles de 10 T / 15 M

Renvoi des Plans.

1 Passage de la porte cochère. 2 Cours. 3 Concierge. 4 Boutiques. 5 Magasins. 6 Arrière boutique. 7 Grands escaliers. 8 Escaliers de service. 9 Antichambres. 10 Cuisine. 11 Offices. 12 Salles à manger. 13 Chambres à coucher. 14 Salons. 15 Chambres. 16 Cabinets de toilette. 17 Anglaises. 18 Dégagements.

J. B. Lesueur arch. 1835.

Hibon sc.

Pl.

Élévation.

J. B. Lesueur arch.

Hibon sc.

Maison à Choisy le Roi.

Plan du rez-de-chaussée.

Renvoi du Plan.

1. Vestibule.
2. Grand salon.
3. Petits salons.
4. Salle à manger.
5. Petite salle à manger.
6. Salle de billard.
7. Grand escalier.
8. Escalier de service.
9. Dégagements.
10. Anglaise.
11. Calorifère.

Echelle de

Plan du 1er Étage.

Renvoi du Plan.

1. Grand escalier.
2. Dégagements.
3. Escaliers de service.
4. Chambre à coucher du maître.
5. Chambre à coucher de la maîtresse.

6. Chambres d'ami.
7. Boudoir.
8. Bibliothèque.
9. Chambre de domestique.
10. Anglaise.
11. Terrasses.

Avenue ———————— de ———————— Choisy.

Echelle de

Blanchon arch.

Pl. 75.

Élévation Géométrale

Échelle de

Blanchon arch 1827.

Hôtel de Chastellux, rue de Varennes, N.º 25.

Pl. 77.

Plan Général.

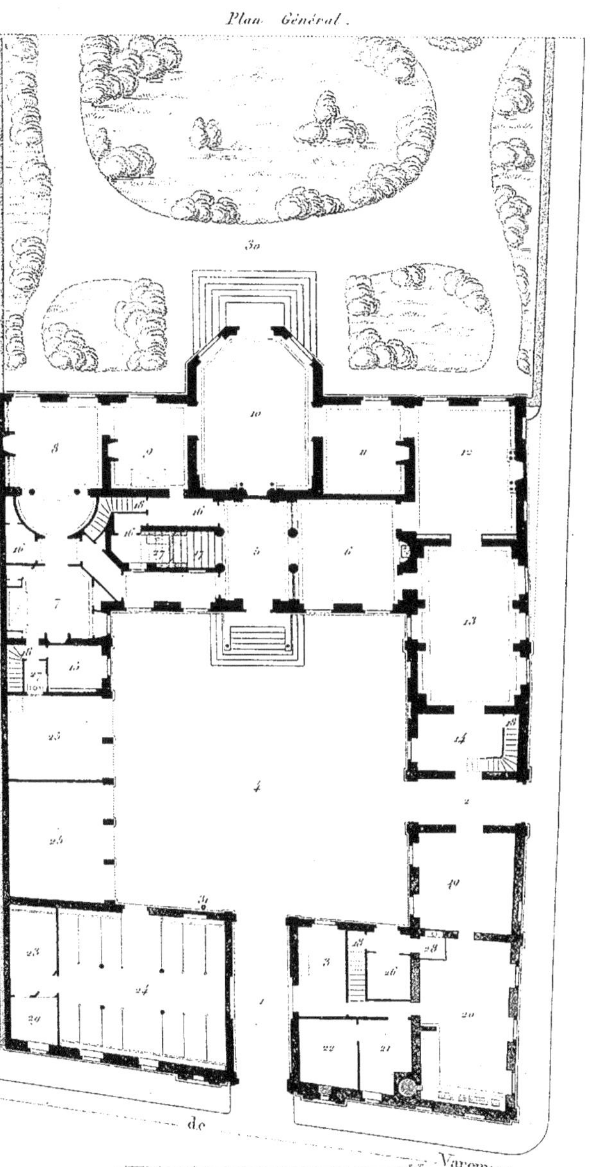

L. Leclère arch. 1828.

Hibon sc.

Elévation sur la rue de Varennes.
HOTEL DE CHASTELLUX
Echelles de
12 T.
10 M.
Leclere arch.
Normand fils sc.
Pl. 8.

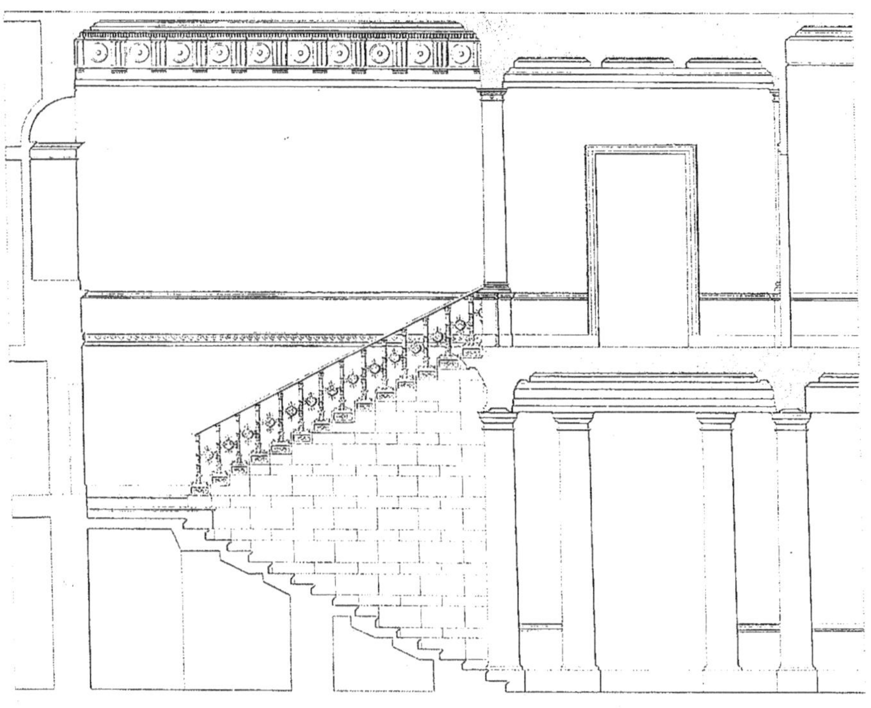

Echelles de ... 6 T / 6 M

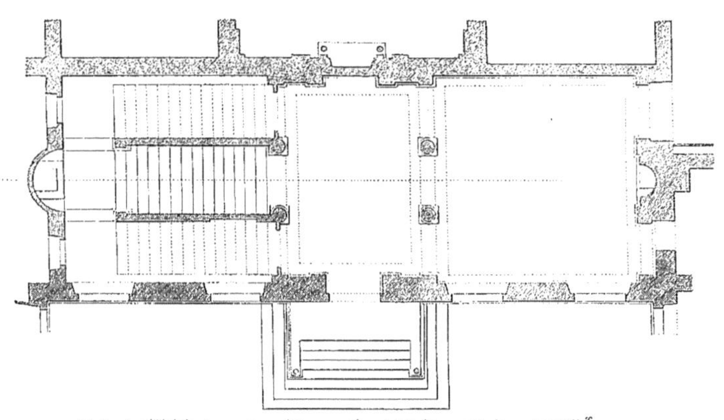

Echelles de ... 12 T / 10 M

A. Leclere, arch.   Hibon sc.

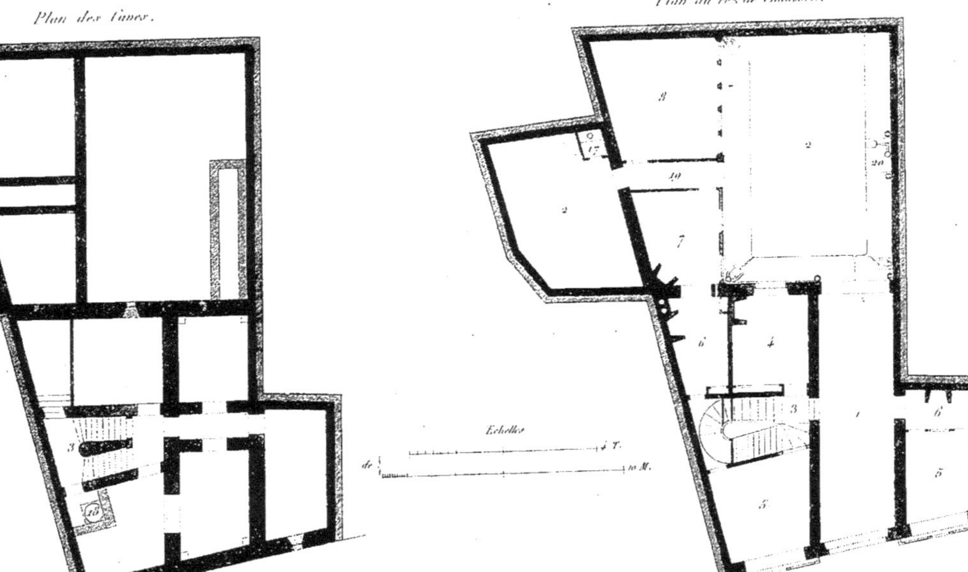

Maison rue du Bac, N.º 62.
Plan des Caves.
Plan du rez de chaussée.
Echelle
de
10 M.
Plan du 1.er Etage.
Renvoi des Plans
1 . Passage de la porte cochère .
2 . Cours .
3 . Escaliers .
4 . Concierge .
5 . Boutiques .
6 . Arrières boutique .
7 . Magasin .
8 . Atelier .
9 . Antichambre .
10 . Salle à manger .
11 . Cuisine .
12 . Chambre à coucher .
13 . Salon .
14 . Cabinet de travail .
15 . Anglaises .
16 . Dégagement .
17 . Latrines .
18 . Fosses .
19 . Passage .
20 . Pompe .
Courlier arch . 1822
Olivier de Castres sc .
Pl 80 .

Echelles de

Courtier arch.
Normand, fils sc.

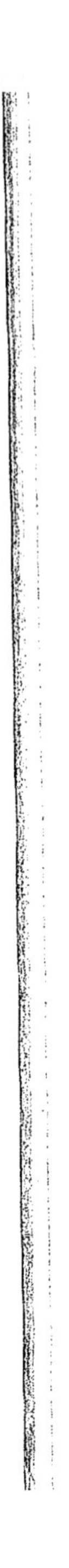

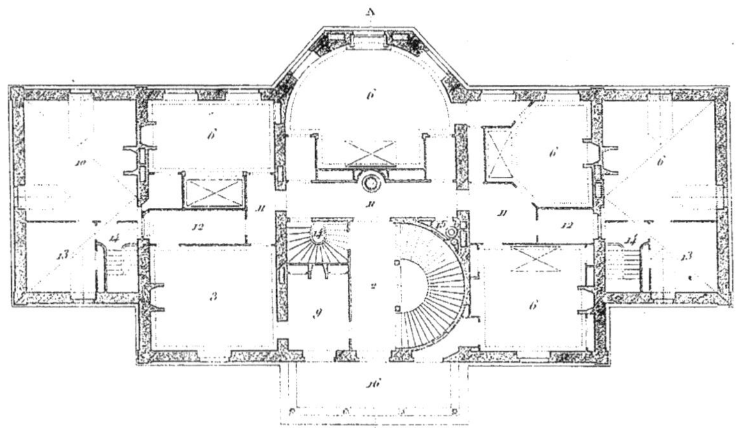

Plan du 1.er Etage.

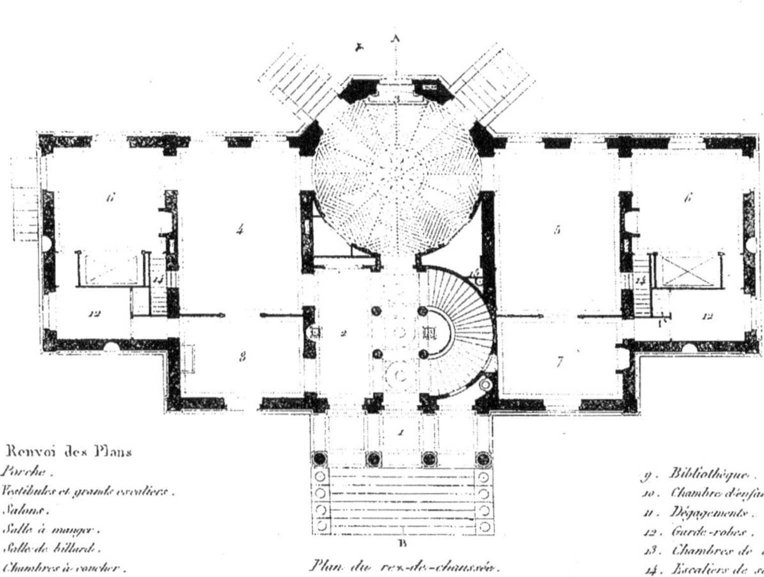

Renvoi des Plans

1 . Porche .
2 . Vestibules et grands escaliers .
3 . Salons .
4 . Salle à manger .
5 . Salle de billard .
6 . Chambres à coucher .
7 . Cabinet d'étude .
8 . Office .
9 . Bibliothèque .
10 . Chambre d'enfant .
11 . Dégagements .
12 . Garde-robes .
13 . Chambres de domestique .
14 . Escaliers de service .
15 . Anglaises .
16 . Terasse .

Plan du rez-de-chaussée.

Echelles de

6 T.

10 M.

Destailleur arch. 1819.

Normand fils sc.

Plan dans le Comble.

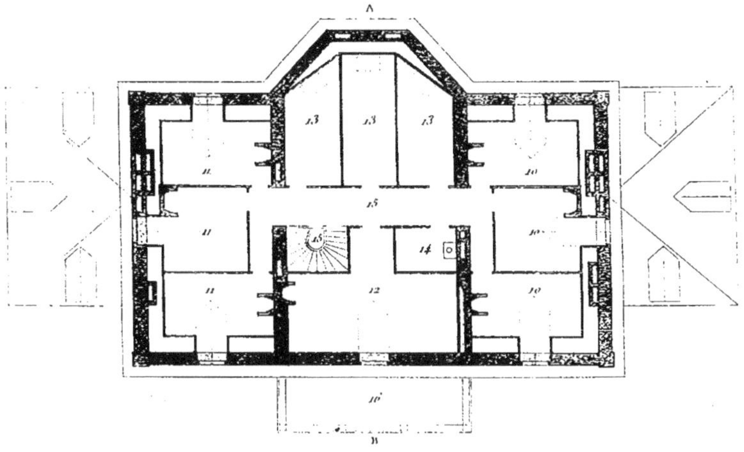

Plan des Caves.

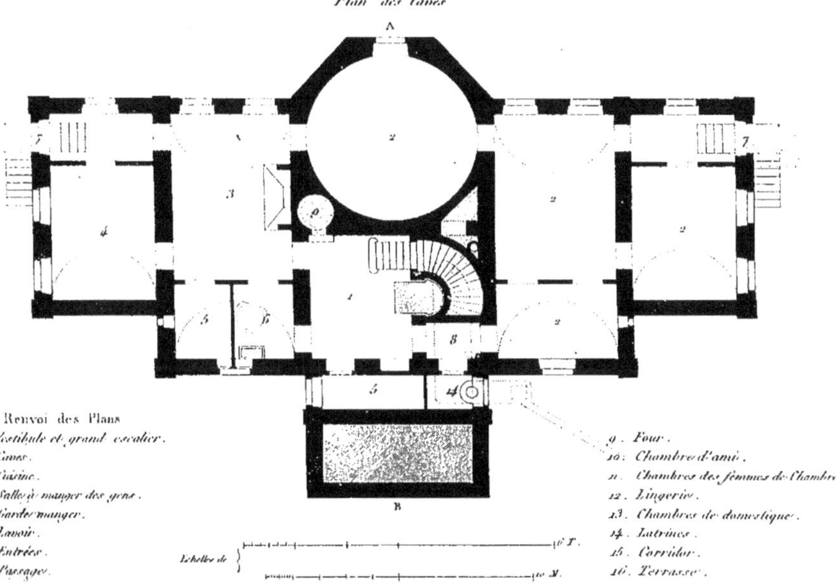

Renvoi des Plans

1. Vestibule et grand escalier.
2. Caves.
3. Cuisine.
4. Salle à manger des gens.
5. Garde-manger.
6. Lavoir.
7. Entrées.
8. Passages.
9. Four.
10. Chambre d'ami.
11. Chambres des femmes de Chambre.
12. Lingerie.
13. Chambres de domestique.
14. Latrines.
15. Corridor.
16. Terrasse.

Echelle de

Destailleur arch.

Normand, fils sc.

Elévation.
Pl 84.

Echelles de
6 T
10 M

Coupe sur A.B.

Echelles de
6 T
10 M

Destailleur arch.
Normand fils sc.

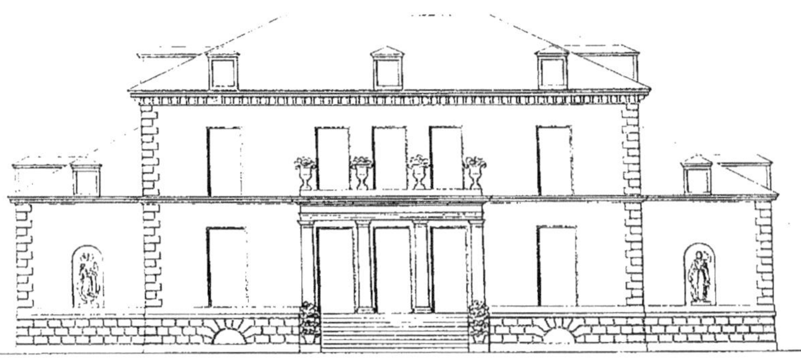

Plan du 1.er Etage.

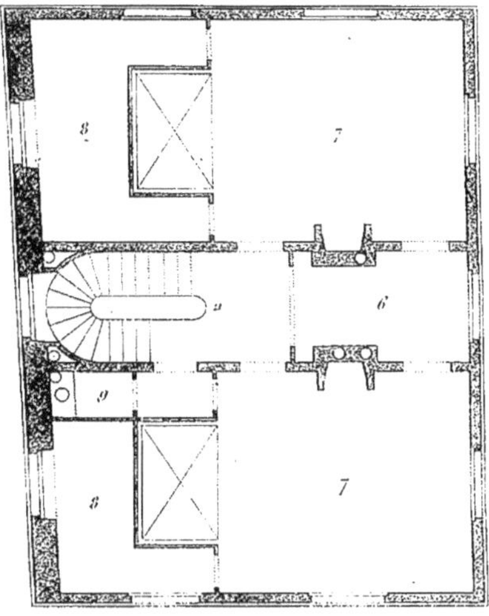

Plan du rez-de-chaussée.

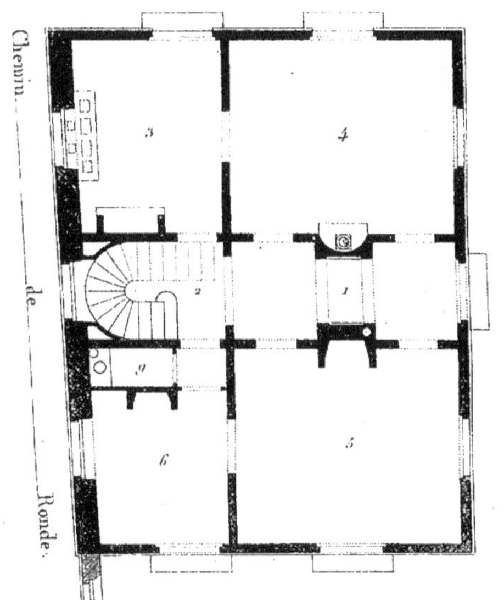

Renvoi des Plans.

1 . Vestibule.

2 . Escaliers.

3 . Cuisine.

4 . Salle à manger.

5 . Salon.

6 . Cabinets.

7 . Chambres à coucher.

8 . Cabinet de toilette.

9 . Anglaises.

Echelles de

Philippon arch. 1830.

Normand fils sc

Élévation sur le chemin de ronde
Élévation latérale.
Échelles de
10 M.
6 T.
Philippon arch.
Normand fils

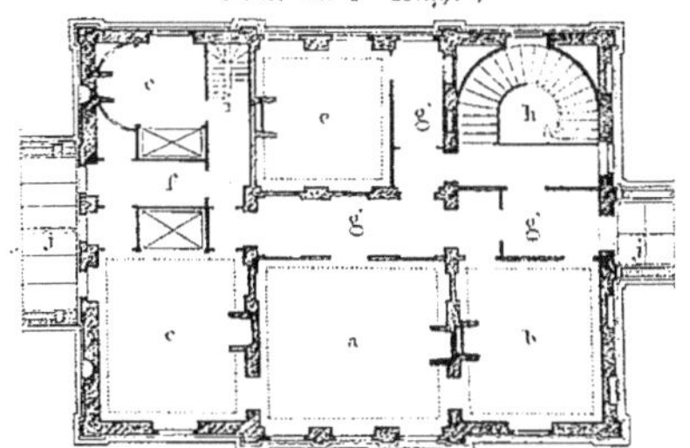

Maison rue de la Tour des Dames N.º 2.   Pl. 87.

Plan du 1.er Étage.

Plan Général.

Renvoi du Plan
du 1.er Étage.

a. Salon.
b. Cabinet.
c. Chambres à coucher.
e. Bibliothèque.
f. Cabinet de toilette.
g. Antichambre et dégag.ts
h. Grand escalier.
i. Escalier de service.
j. Terrasses.

Renvoi du Plan
Général

1. Grande cour.
2. Perron.
3. Vestibule.
4. Antichambre.
5. Salle à manger.
6. Salon.
7. Galerie.
8. Descentes à couvert.
9. Salle de billard.
10. Grand escalier.
11. Office.
12. Dégagement.
13. Escalier de service.
14. Cour des dépendances.
15. Sortie sur la R. de la Rochefoucault.
16. Portiers.
17. Écurie.
18. Abreuvoir.
19. Sellerie.
20. Remises.
21. Escalier de service.
22. Latrines.
23. Trou à fumier.

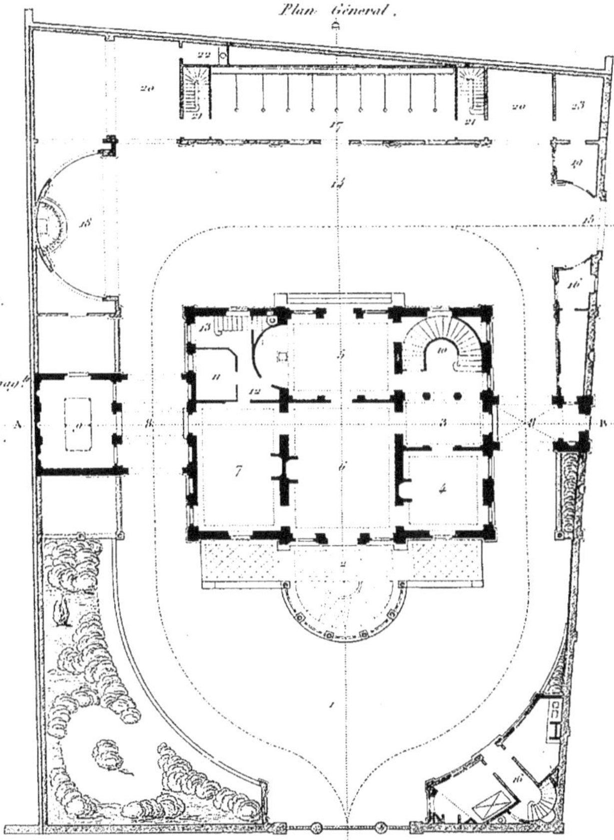

Rue — de — la — Tour — des — Dames

Echelle de)

Biet arch.   Normand, fils sc.

Coupe sur A.B.
Riet arch.
Echelles de
8 T
10 M
Normand fils sc.
PL. 188.

Coupe sur la ligne C.D.

Eschelles de ...

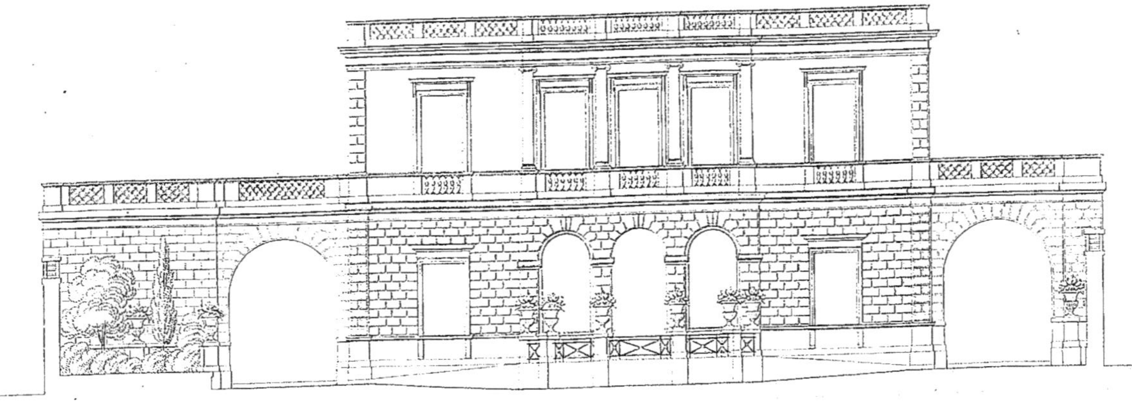

Élévation sur la Cour d'Entrée.

Elévation des dépendances.
Elévation sur la rue de la Rochefoucault.
Echelles de
Biet arch.
Hibon sc.

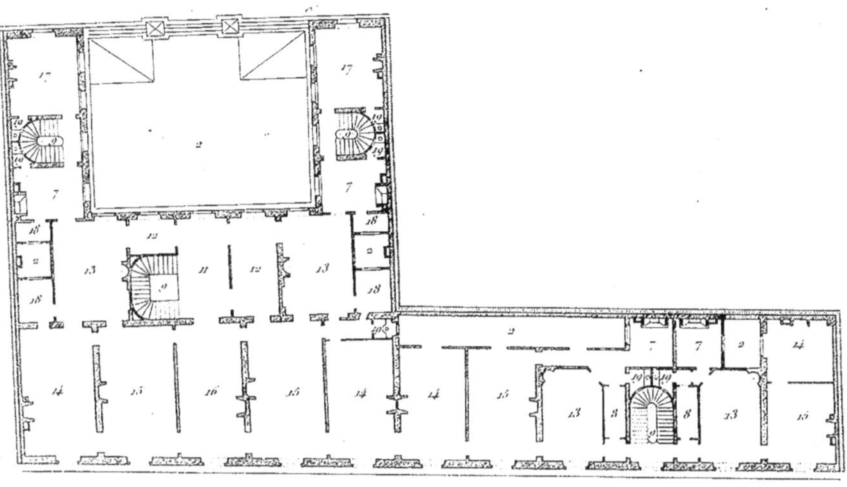

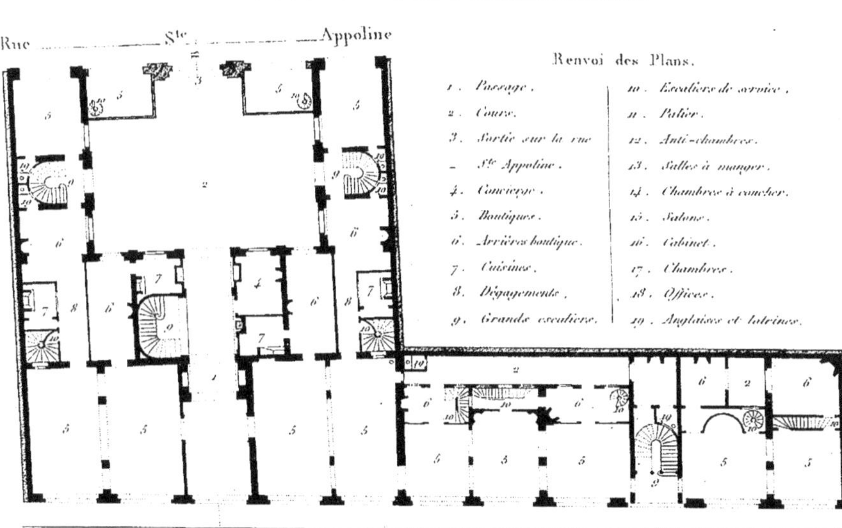

Renvoi des Plans.

1. Passage.
2. Cours.
3. Sortie sur la rue
—. Ste Appoline.
4. Concierge.
5. Boutiques.
6. Arrières boutique.
7. Cuisines.
8. Dégagements.
9. Grands escaliers.
10. Escaliers de service.
11. Palier.
12. Anti-chambres.
13. Salles à manger.
14. Chambres à coucher.
15. Salons.
16. Cabinet.
17. Chambres.
18. Offices.
19. Anglaises et latrines.

Dubois arch. 1828.　　　Normand fils sc.

Élévation
Sur le Boulevart St. Denis, No. 9.

Échelles de

Coupe sur A.B.

Dubois arch.

Normand fils sc.

Echelles de
des Elévations.
Renvoi du Plan.
1. Grille d'entrée.
2. Pavillon d'abitation.
3. Pavillon d'agrément.
4. Batiment de concierge
avec écuries et remises.
PLAN GÉNÉRAL
d'une Maison à St. Germain
en Laye.
Echelles de
PLACE
Rue
Avenue
du
Boulingrin

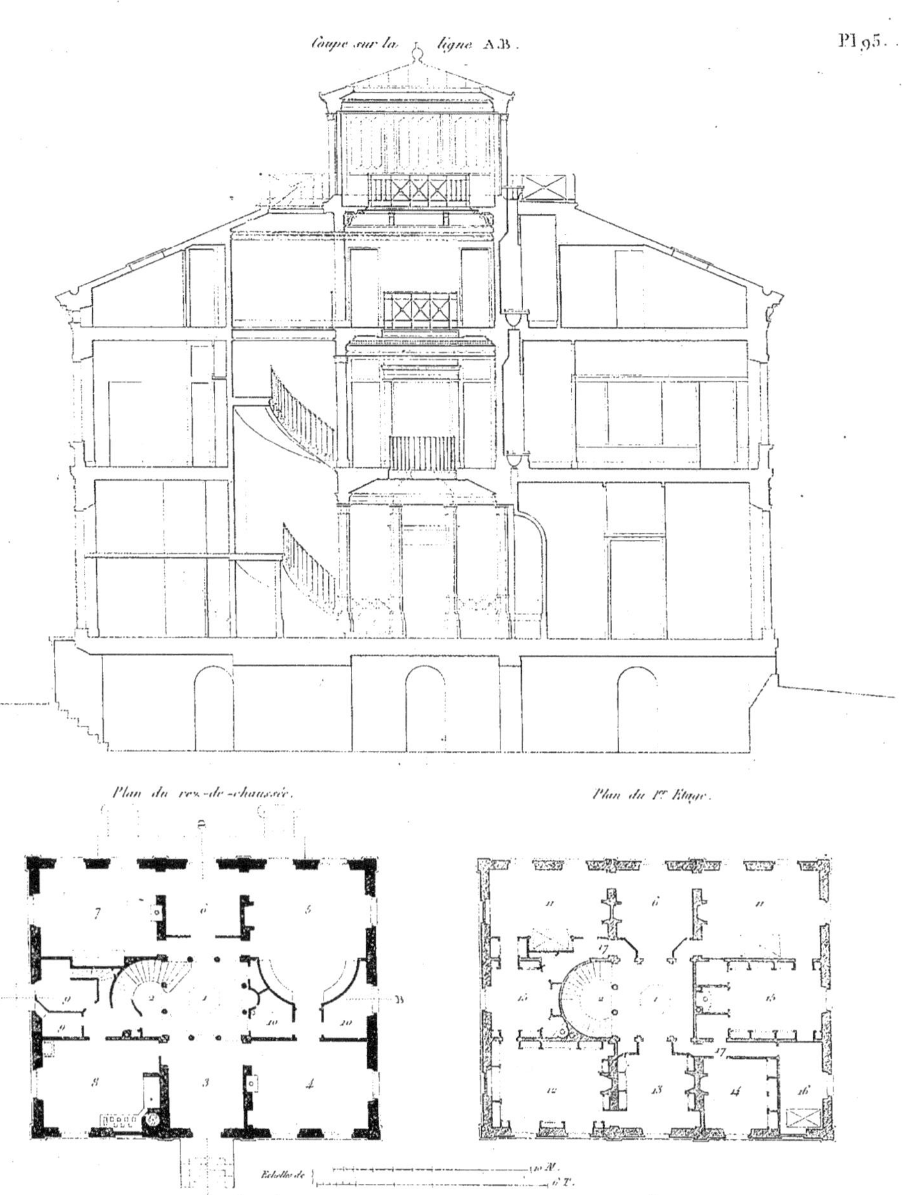

Coupe sur la ligne A.B.
Pl. 95.
Plan du rez-de-chaussée.
Plan du 1er Étage.
Echelle de
Echelle de
Renvoi des Plans
1 Atrium. 2 Grand escalier. 3 Vestibule. 4 Salle à manger. 5 Salon. 6 Petits salons. 7 Salle de billard. 8 Cuisine. 9 Office. 10 Déserte.
Lecointe arch.   11 Chambres à coucher. 12 Bibliothèque. 13 Cabinet d'étude. 14 Lingerie. 15 Cabinets de toilette. 16 Femme de Chambre. 17 Dégag.   Olivier sc.

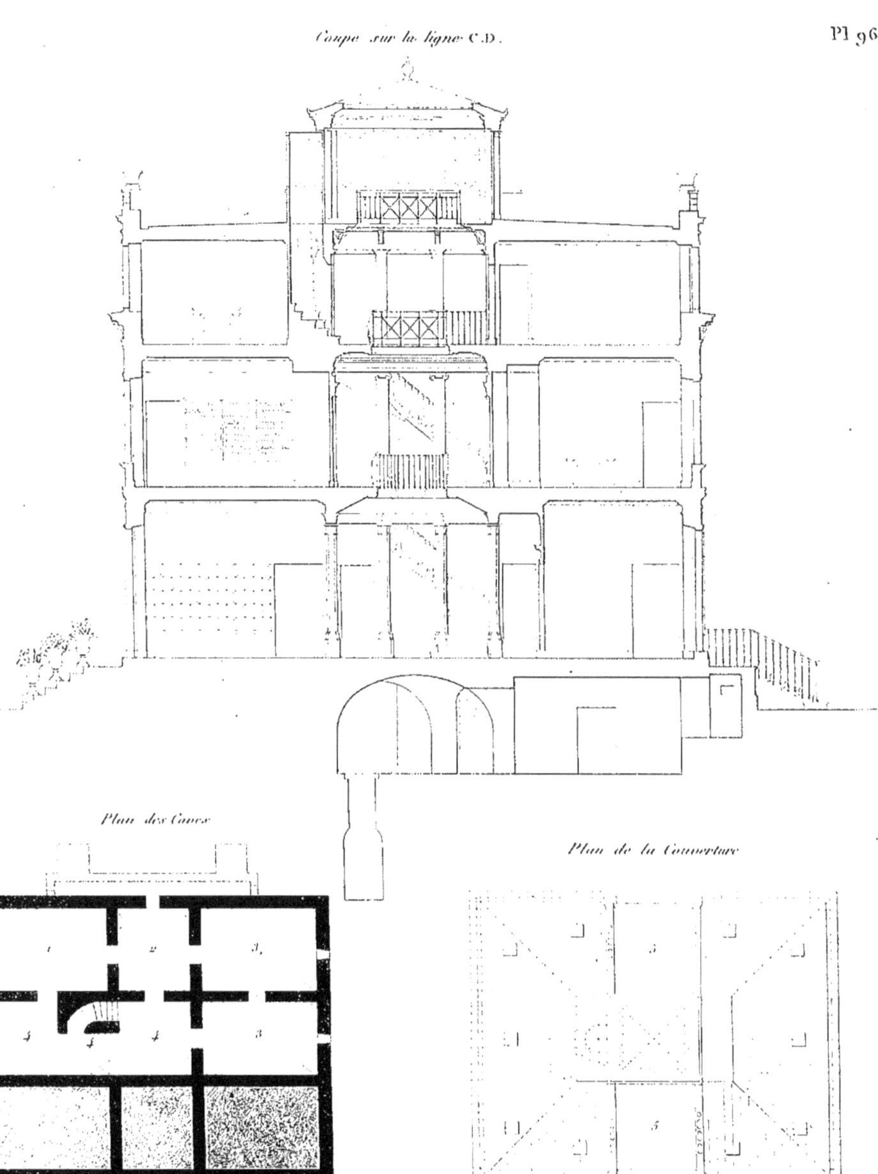

Coupe sur la ligne C D.
Pl 96.
Plan des Caves
Plan de la Couverture
Renvoi des Plans.
1 Cave au vin. 2 Caveau. 3 Bucher. 4 Caves aux légumes. 5 Terrasses.
Lecointe arch.
Olivier de Castres sc.

Elévation Latérale.

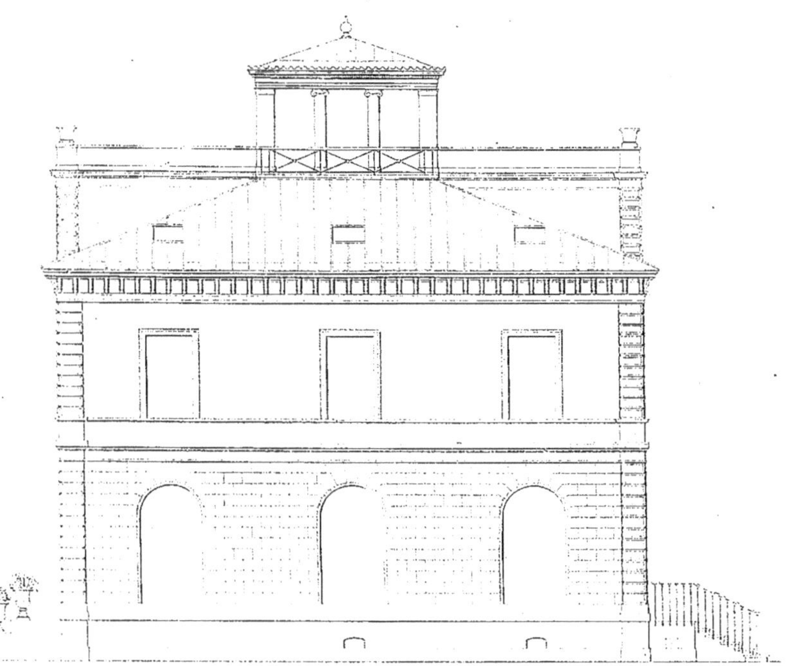

Plan de l'Attique.

Plan du Belvédère.

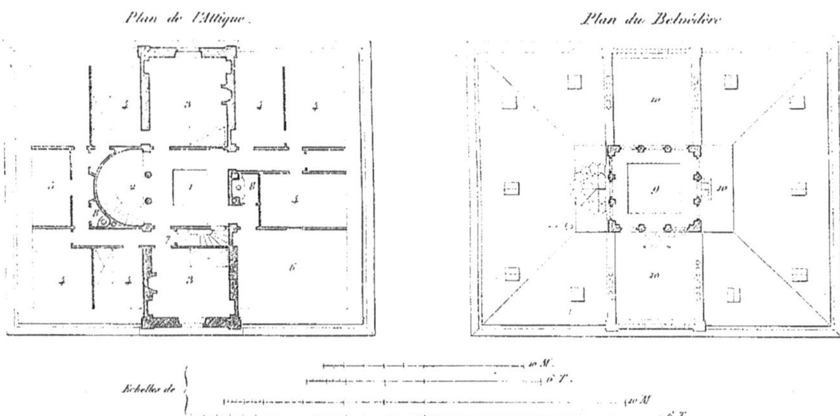

Echelles de

Renvoi des Plans

1 Atrium. 2 Grand escalier. 3 Chambres à coucher. 4 Chambres de domestique. 5 Lingerie. 6 Fruitier.
7 Escalier de service. 8 Anglaises. 9 Belvédère. 10 Terrasses.

Lecointe arch.

Normand, fils sc.

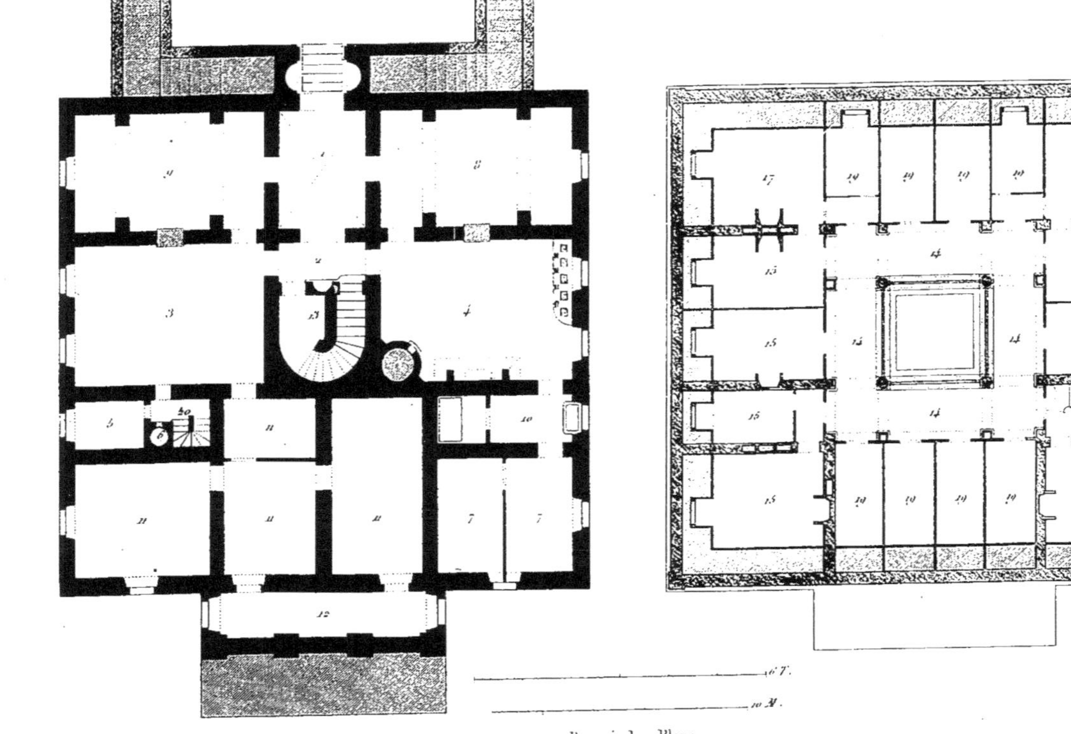

Maison près d'Amboise.
Plan du Souterrain.
Plan de l'Etage dans le Comble.
Renvoi des Plans
1 Vestibule. 2 Passage. 3 Salle à manger des gens. 4 Cuisine. 5 Salle de bain. 6 Chaudière. 7 Garde manger. 8 Fruitier. 9 Serre.
10 Lavoir. 11 Caves. 12 Caveau. 13 Grand escalier. 14 Galerie. 15 Chambres d'amis. 16 Chambres d'enfants. 17 Garde meuble.
18 Lingerie. 19 Chambre de domestiques. 20 Escalier de service. 21 Anglaise.
Destailleur arch. 1818.
Normand fils sc.
F190.

Plan du rez-de-Chaussée.

Plan du 1er Étage.

Renvoi des Plans.

1 Vestibule. 2 An-tichambres. 3 Grands escaliers. 4 Cabinet. 5 Salle à manger. 6 Grand salon. 7 Petit salon. 8 Chambres à coucher. 9 Billard. 10 Salle de bain. 11 Anglaises.
12 Dégagement. 13 Escaliers de service. 14 Chapelle. 15 Bibliothèque. 16 Galerie. 17 Cabinet de toilette.

Echelles de:

Destailleur arch. 1818.

Normand fils sc.

Élévation Géométrale.

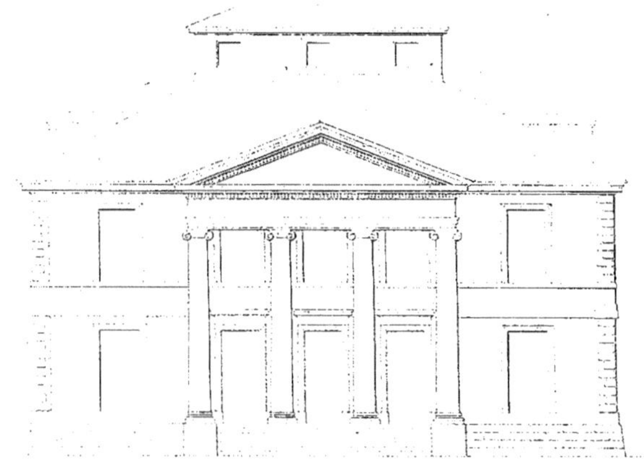

Coupe sur A B.

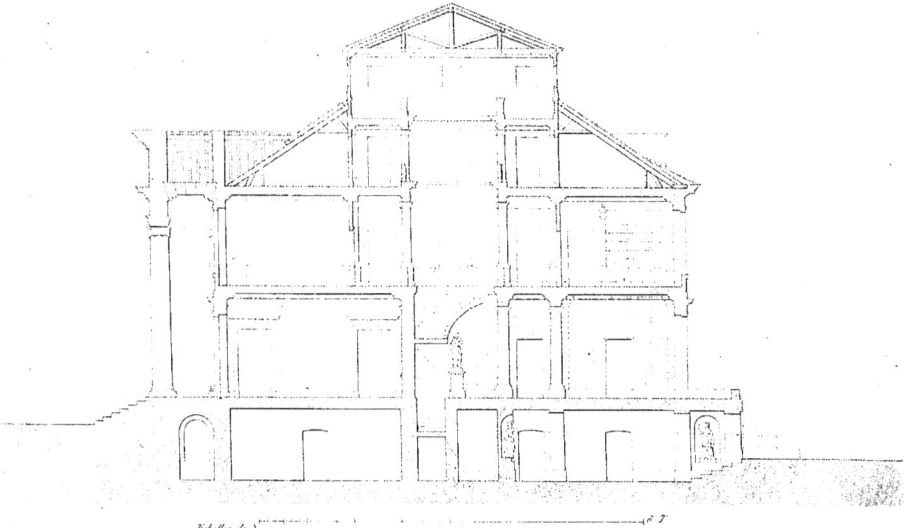

H. Destailleur arch.

Normand fils sc.

Maison rue d'Alger Nº 3.

Plan du rez-de-chaussée

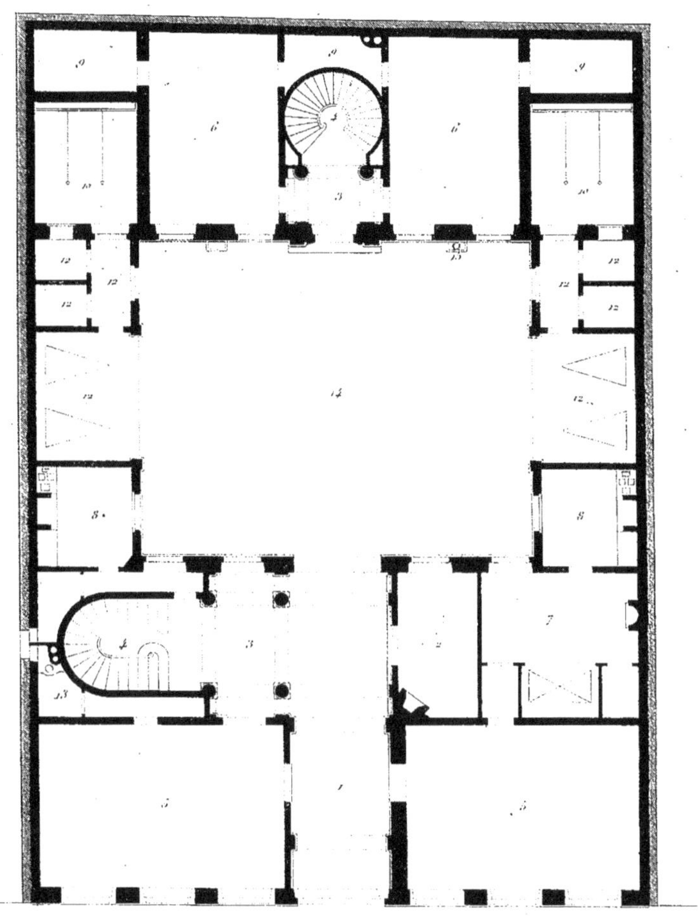

Echelles de

Renvoi du Plan

1 Passage des voitures. 2 Concierge. 3 Vestibules. 4 Grands escaliers. 5 Boutiques. 6 Magasins. 7 Salle à manger et chambre à coucher.
8 Cuisines. 9 Dégagements. 10 Ecuries. 11 Remises. 12 Selleries et passages. 13 Anglaise. 14 Cour. 15 Pompe.

Gauthier, arch. 1834.

Olivier de Castres sc.

Plan du 1.er Etage.

Echelles de { 6 T.
12 M.

Renvoi du Plan.

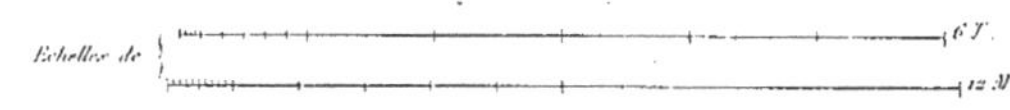

1 Grands escaliers 2 Anti-chambres 3 Salle à manger 4 Salons 5 Chambres à coucher 6 Chambres.
7 Cabinets 8 Cuisines 9 Dégagements 10 Anglaises 11 Cour.

Gauthier arch 1834

Elévation sur la rue d'Alger.

Gautier arch.

Olivier de Castres sc.

Maison place de la Madeleine. N°16.
Plan du rez-de-chaussée.
Renvoi du Plan
1. Passages des voitures.
2. Grands escaliers.
3. Boutiques et magasins.
4. Arrieres boutique.
5. Concierges.
6. Cuisine.
7. Remises.
8. Ecuries.
9. Selleries.
10. Latrines.
11. Escaliers de service.
12. Passages des ecuries.
13. Cours.
Boulevart de la Madeleine
Place de la Madeleine
Rue de la Ferme des Mathurins.
N°16.
N°1.
N°5.
Echelle de
Perrier arch 1820.
Olivier de Castres.

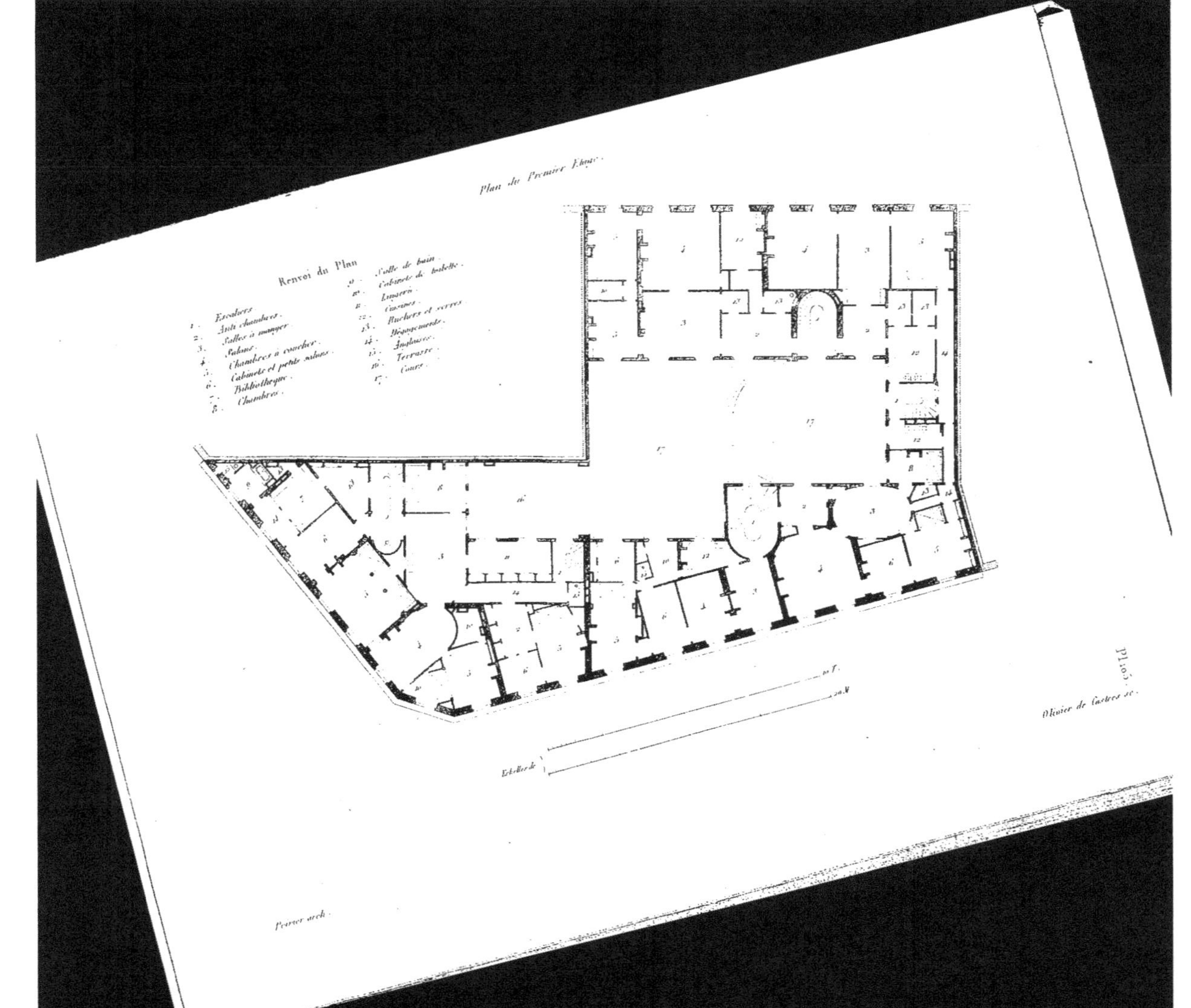

Plan du Premier Étage.
Renvoi du Plan
1. Escaliers.
2. Anti chambres.
3. Salles à manger.
4. Salons.
5. Chambres à coucher.
6. Cabinets et petits salons.
7. Bibliothèque.
8. Chambres.
9. Salle de bain.
10. Cabinets de toilette.
11. Lingerie.
12. Cuisines.
13. Buchers et serres.
14. Dégagements.
15. Impasse.
16. Terrasse.
17. Cour.
Echelle de
Perier arch.
Olivier de Castres sc.
Pl. 103.

Elévation
sur le Boulevart de la Madeleine.
Elévation
sur la rue de la Ferme des Mathurins.
N.º 1.
N.º 3.
Echelles de
5 T.
10 M.
Perrier arch.
Normand fils sc.
Pl. 106

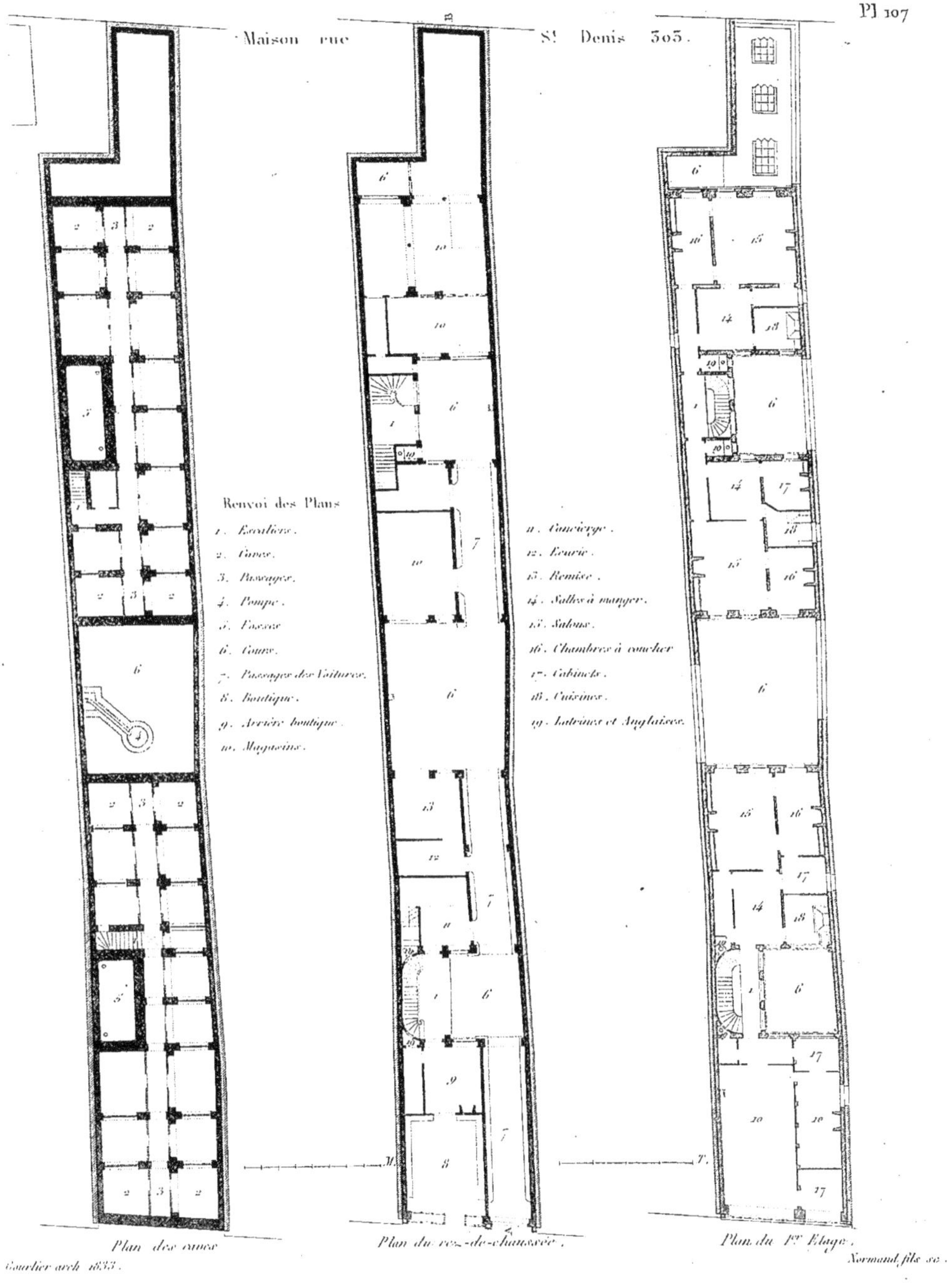

Maison rue St Denis 305.

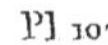

Renvoi des Plans

1. Escaliers.
2. Caves.
3. Passages.
4. Pompe.
5. Fosses
6. Cours.
7. Passages des Voitures.
8. Boutique.
9. Arrière boutique.
10. Magasins.
11. Concierge.
12. Ecurie.
13. Remise.
14. Salle à manger.
15. Salons.
16. Chambres à coucher
17. Cabinets.
18. Cuisines.
19. Latrines et Anglaises.

Plan des caves

Plan du rez-de-chaussée.

Plan du 1er Etage.

Courlier arch 1833.

Normand fils sc.

Coupe sur la ligne A B.
Echelles de
Gourlier arch
Olivier de Castres sc.
Pl. 208.

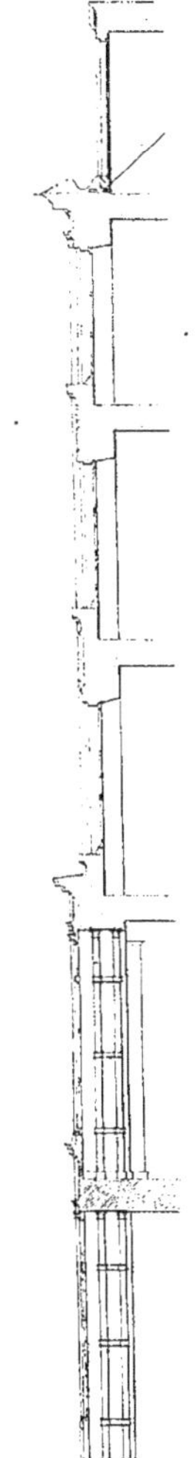

Echelle de ... m. M.

Maison à Enghien.

Élevation.

Coupe.

Plan du rez-de-chaussée.

Plan du 1.er étage.

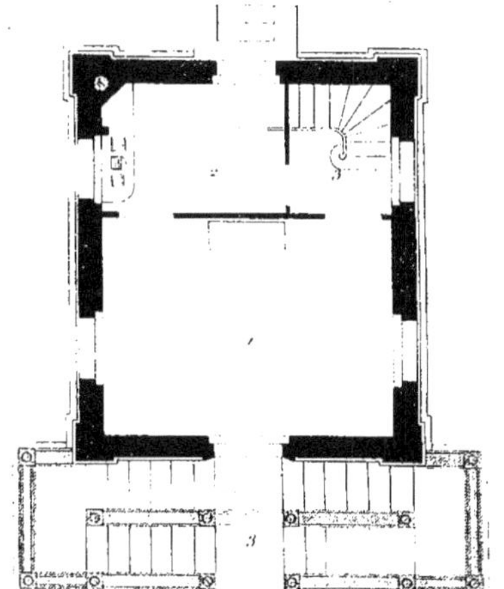

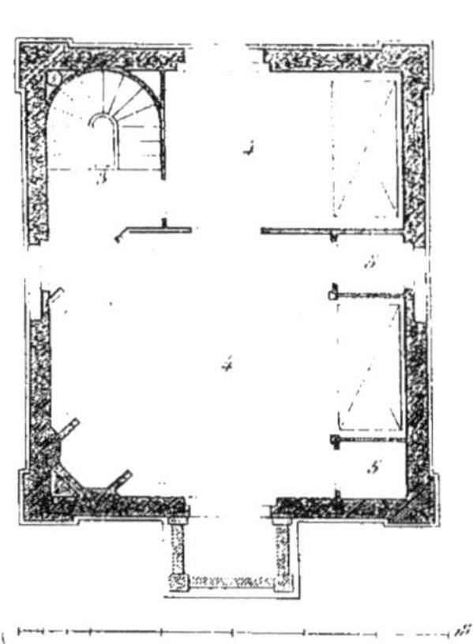

Échelles de

Renvoi des Plans.

1 Salle à manger. 2 Cuisine. 3 Escaliers. 4 Chambres à coucher. 5 Cabinets.

Charpentier archi 1834.

Normand fils sc.

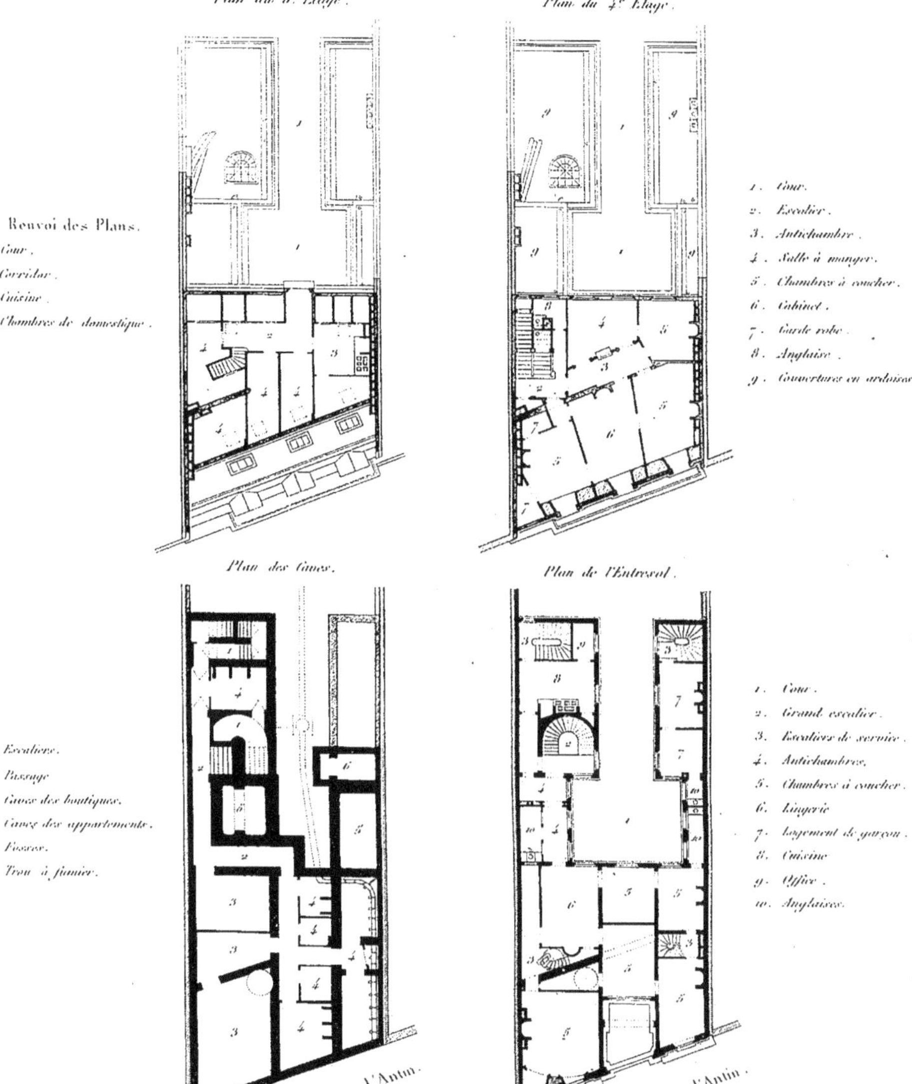
Plan du 6.e Étage.
Plan du 4.e Étage.
Renvoi des Plans.
1. Cour.
2. Corridor.
3. Cuisine.
4. Chambres de domestique.
1. Cour.
2. Escalier.
3. Antichambre.
4. Salle à manger.
5. Chambres à coucher.
6. Cabinet.
7. Garde robe.
8. Anglaise.
9. Couvertures en ardoises.
Plan des Caves.
Plan de l'Entresol.
1. Escaliers.
2. Passage.
3. Caves des boutiques.
4. Caves des appartements.
5. Fosses.
6. Trou à fumier.
1. Cour.
2. Grand escalier.
3. Escaliers de service.
4. Antichambres.
5. Chambres à coucher.
6. Lingerie.
7. Logement de garçon.
8. Cuisine.
9. Office.
10. Anglaises.
Rue de la Chaussée d'Antin.
Rue de la Chaussée d'Antin.
Échelle de
8 T.
20 M.
Chatillon et Caurissié arch.

Plan du rez-de-chaussée.   Plan du 1er Étage

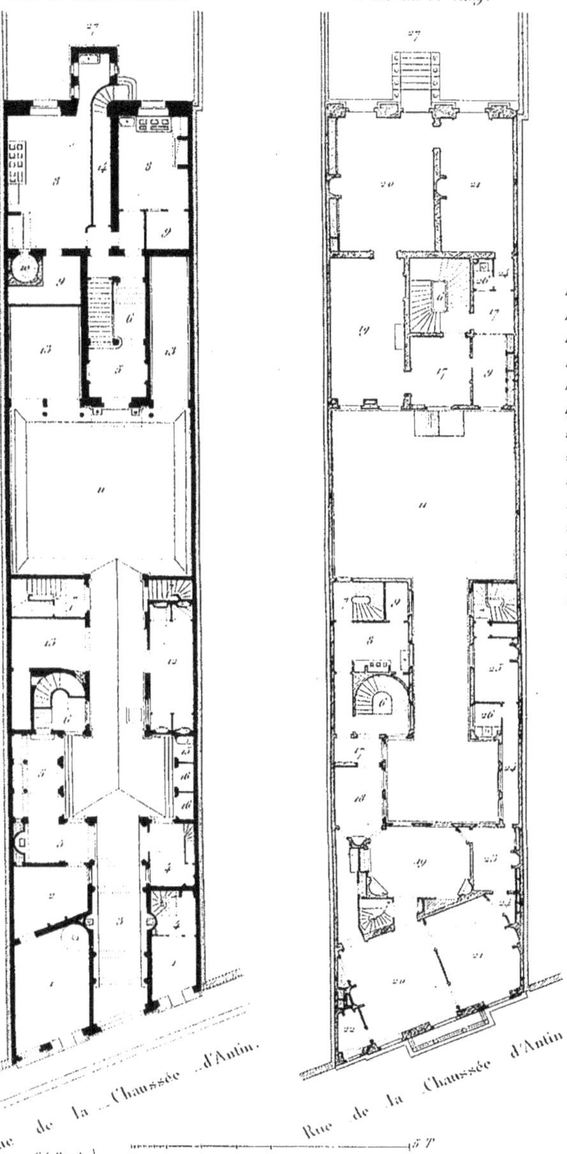

Renvoi des Plans.

1 . Boutiques.
2 . Arrières boutiques.
3 . Passages des voitures.
4 . Concierge.
5 . Vestibules.
6 . Grands escaliers.
7 . Escaliers de service.
8 . Cuisines.
9 . Offices.
10 . Four.
11 . Cours.
12 . Ecurie.
13 . Remises.

14 . Passage au Jardin.
15 . Latrines.
16 . Bucher.
17 . Antichambres.
18 . Petite salle à manger.
19 . Grande salle à manger.
20 . Salons.
21 . Chambres à coucher.
22 . Boudoir.
23 . Chambre d'enfant.
24 . Dégagements.
25 . Cabinet de Travail.
26 . Anglaises.
27 . Jardins.

Coupe sur la ligne A.B.
Echelles de
8 T
15 M
Rue de la Chaussée d'Antin
A
B
Echelles de
15 T
15 M
Plan général avec les combles.
Chatillon et Cannissié arch.
Ribon sc.
Pl. n5.

Élévation sur la rue de la Chaussée d'Antin.

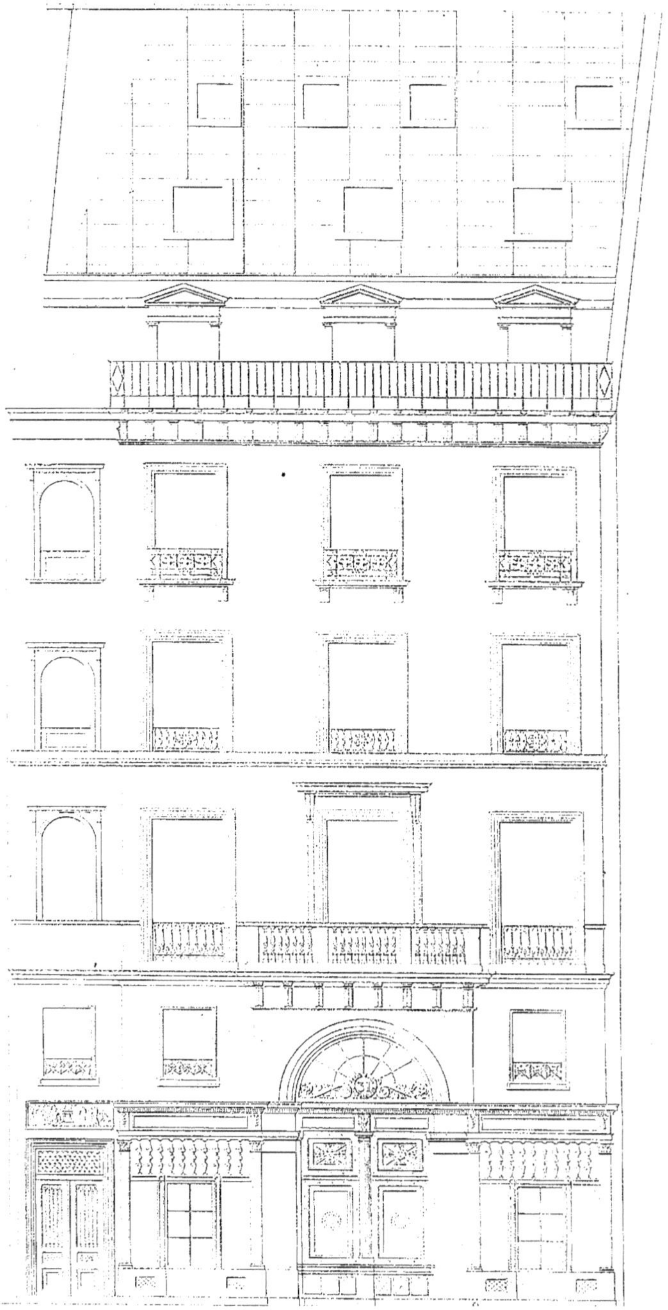

Laiterie éxécutée aux environs d'Angers.

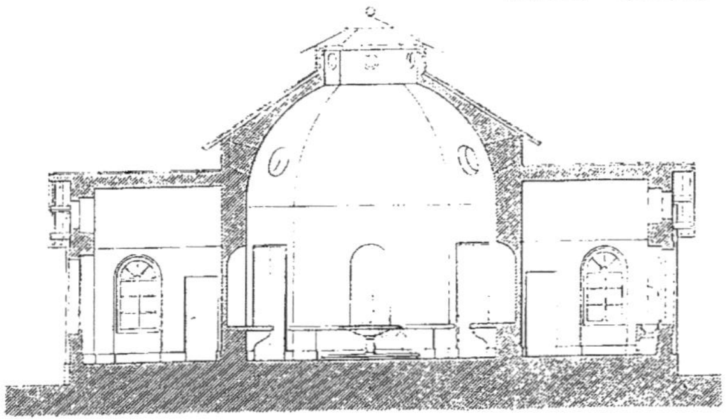

Coupe sur A.B.

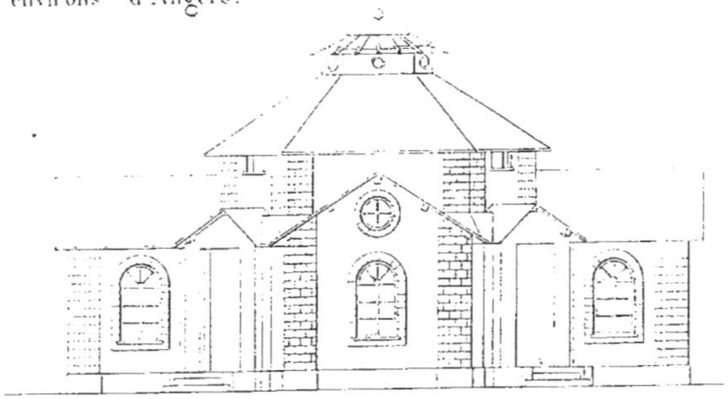

Élévation sur A.

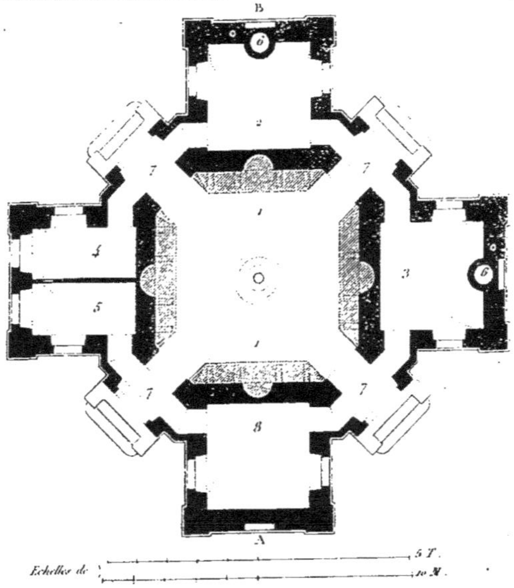

Renvoi du Plan.

1. Laiterie.
2. Salle pour faire le fromage et le beurre.
3. Salle pour serrer les divers instruments.
4. Serre pour le beurre.
5. Serre pour les fromages.
6. Chaudière.
7. Entrées.
8. Salle pour battre le beurre.

Destailleur arch. 1820.

Normand fils sc.

Maison rue de Richelieu N.º 104.   Pl. n 6.

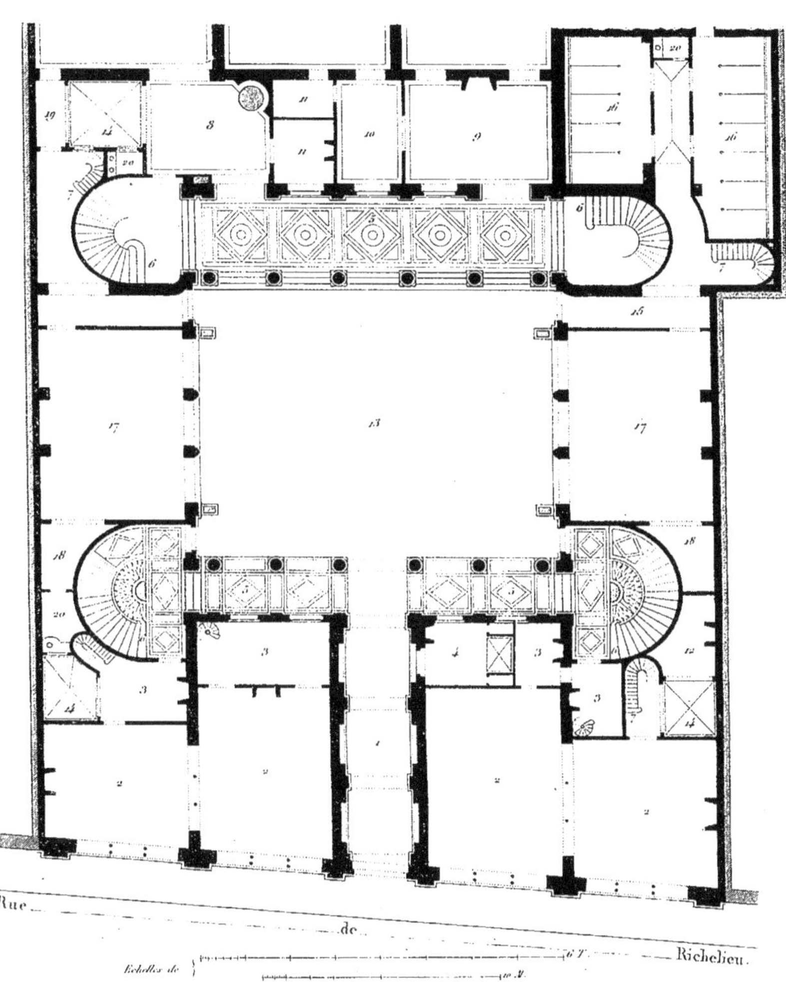

Renvoi du Plan.

1 Entrée des voitures. 2 Boutiques. 3 Arrières boutique. 4 Concierge. 5 Portiques. 6 Grands escaliers. 7 Escaliers de service.
8 Salle à manger. 9 Grand salon. 10 Petit salon. 11 Cabinets. 12 Cuisine. 13 Grande cour. 14 Petites cours. 15 Passage des
écuries. 16 Écuries. 17 Remises. 18 Sellerie. 19 Dégagement. 20 Lieux.

Visconti arch. 1833.   Olivier de Castres sc.

Plan du 1.er Etage

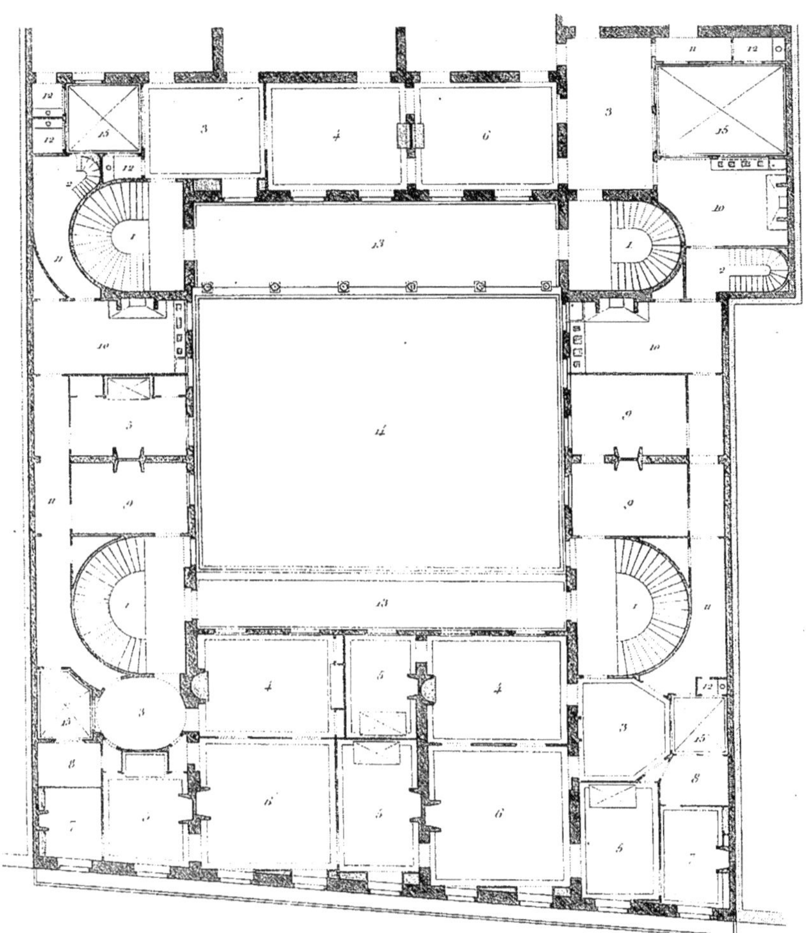

Renvoi du Plan.

1 Grands escaliers. 2 Escaliers de service. 3 Antichambres. 4 Salles à manger. 5 Chambres à coucher. 6 Salons. 7 Boudoirs.

8 Cabinets de toilette. 9 Chambres. 10 Cuisines. 11 Dégagements. 12 Anglaises. 13 Terrasses. 14 Grande cour. 15 Petites cours.

Visconti arch. 1835.   Normand fils sc.

Elévation sur la rue de Richelieu, N° 104.

Echelles de 6 T.
10 M.

Pl 118

Olivier de Castres sc.

Visconti arch.

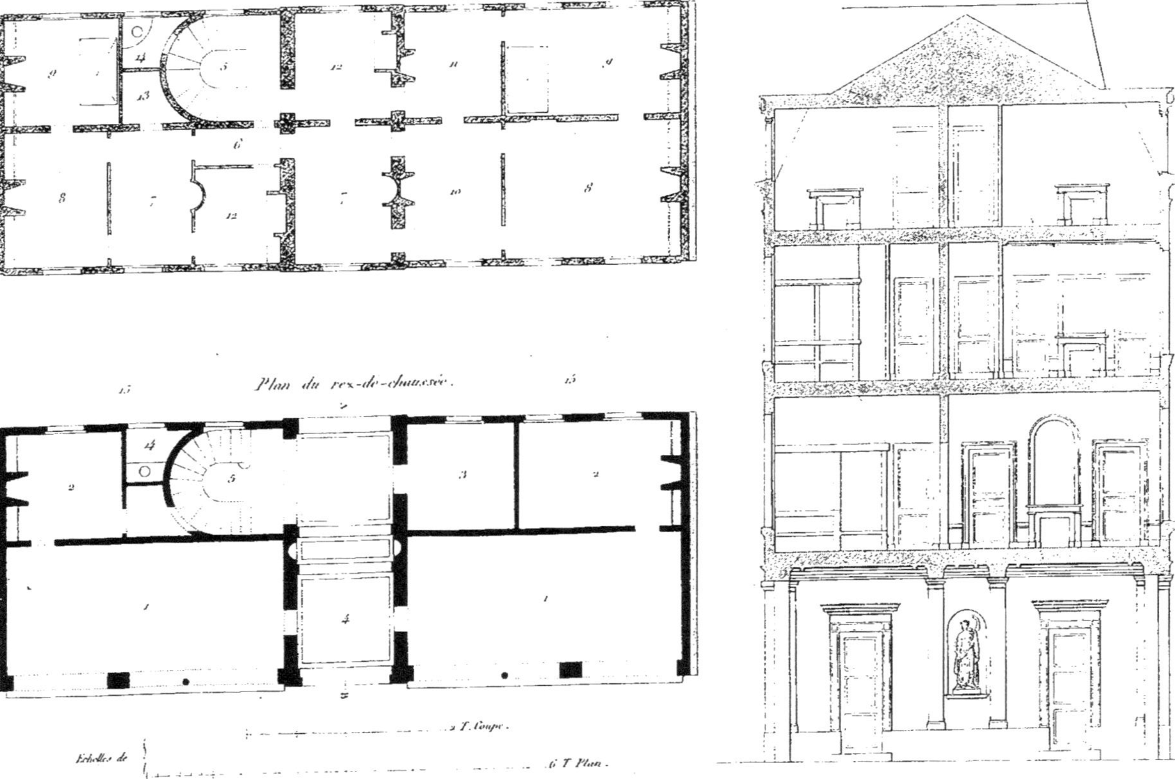

Maison à Belleville.
Plan du 1er et 2me Étage.
Coupe sur la ligne AB.
Plan du rez-de-chaussée.
Échelles de
T. Coupe.
T. Plan.
Renvoi des Plans.
1 Boutiques. 2 Arrières boutiques. 3 Concierge. 4 Passage de la porte cochère. 5 Escaliers. 6 Antichambre. 7 Salles à manger. 8 Salons.
9 Chambres à coucher. 10 Bibliothèque. 11 Cabinet de toilette. 12 Cuisines. 13 Office. 14 Anglaises. 15 Cour.
Vauchelet arch 1833.
Normand sc.
Pl. 119.

Elévation sur la rue.
Echelles de
Maubertier archi. 1835.
Normand fils sc.
Pl 120.

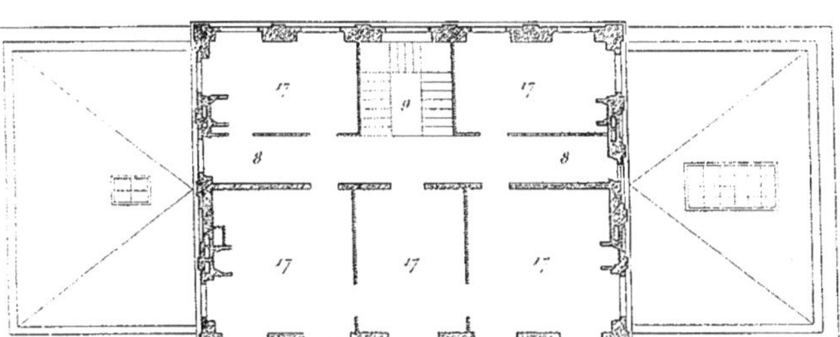
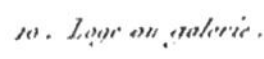
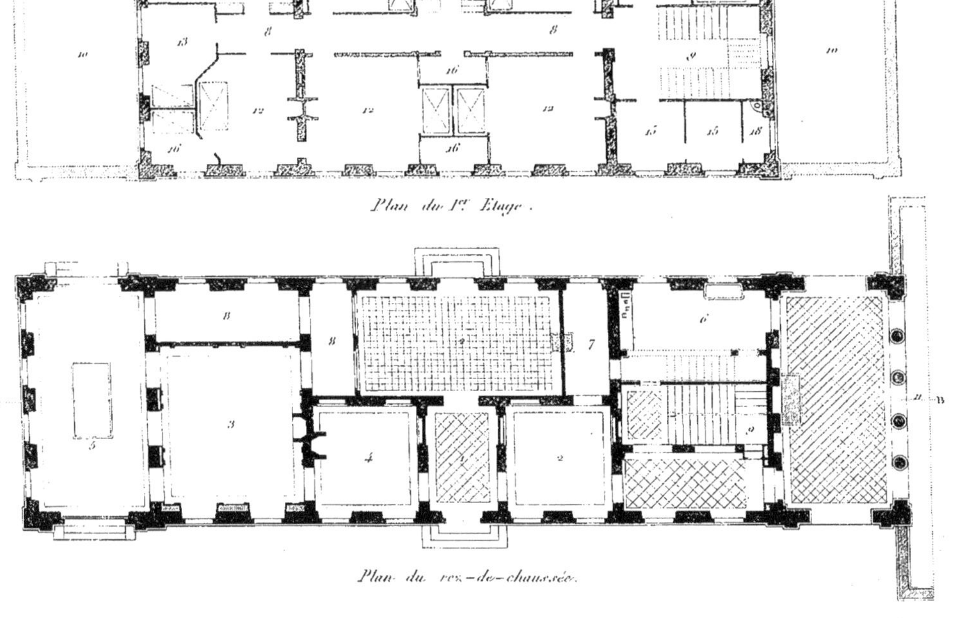

Maison à Thiais.
Pl. 121.

Renvoi des Plans.
Vestibules.
Salles à manger.
Grand salon.
Petit salon.
Salle de billard.
Cuisine.
Desserte.
Dégagements.
Escaliers.

10. Loge ou galerie.
11. Cour basse.
12. Chambres à coucher.
13. Chambres d'ami.
14. Lingerie.
15. Chambres d'enfant.
16. Cabinets de toilette.
17. Chambres.
18. Anglaise.

Plan du 2me Étage.

Plan du 1er Étage.

Plan du rez-de-chaussée.

Échelles de

Philippon arch. 182-
Normand fils sc.

Maison à Thiais près Choisy.

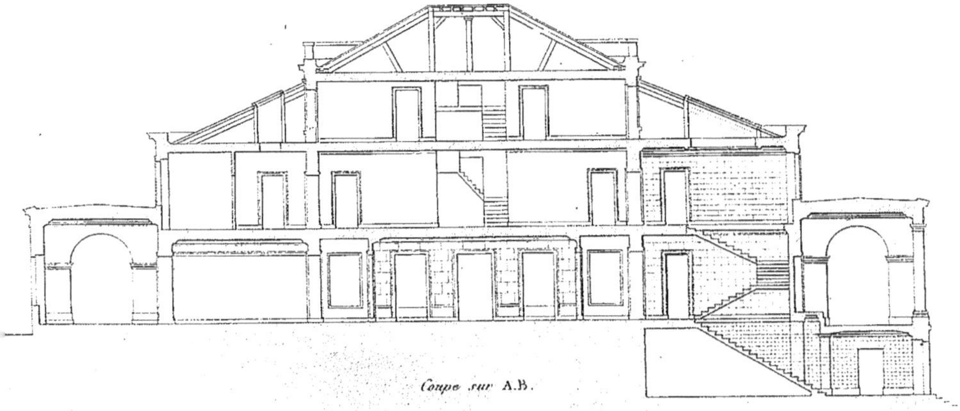

Coupe sur A.B.

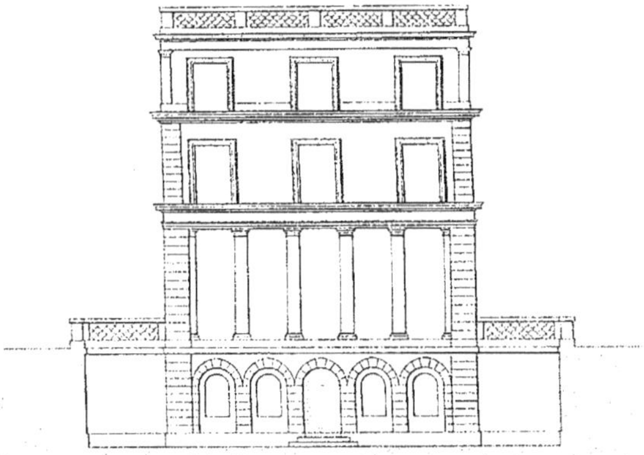

Élévation sur la cour basse.

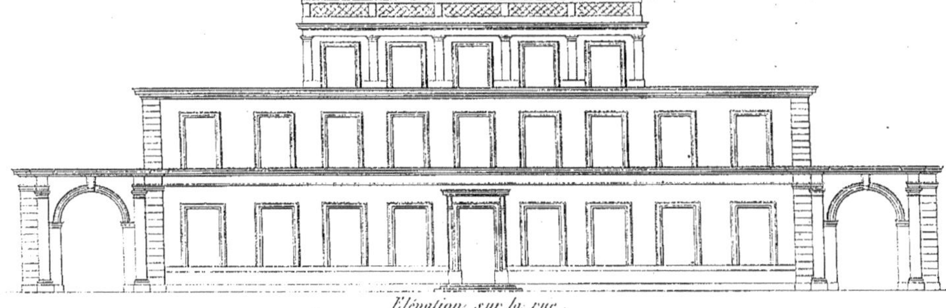

Élévation sur la rue.

Echelles de 5 T
10 M

Philippon arch.

Olivier de castres sc.

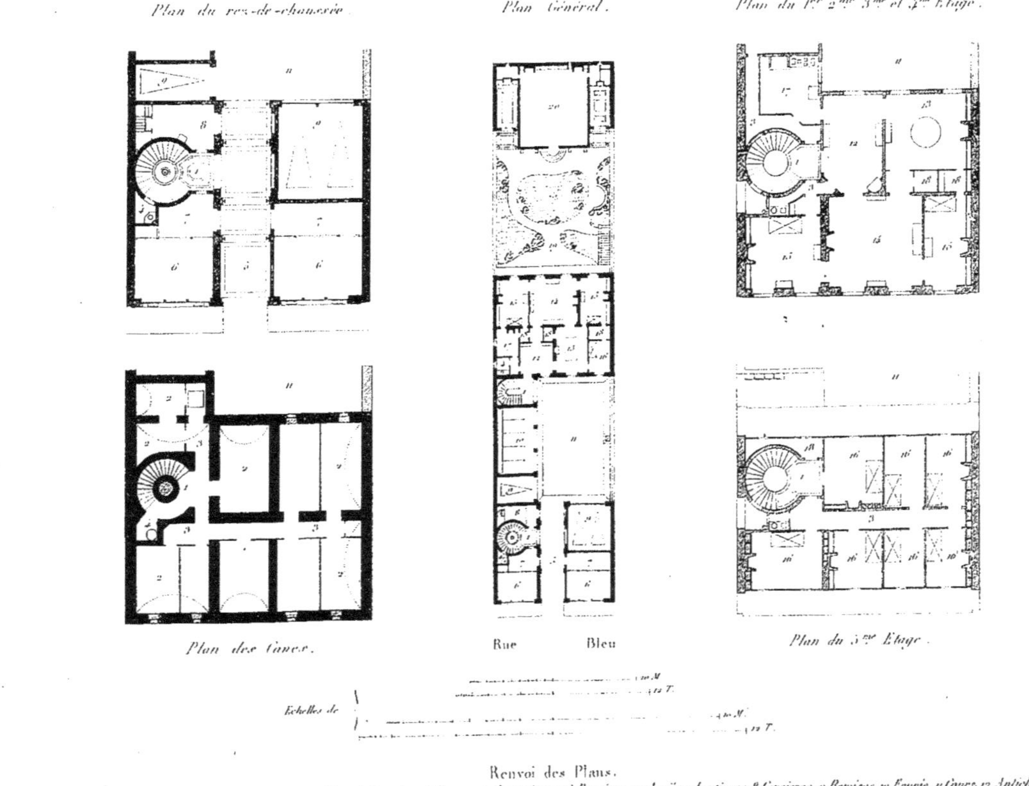

Maison rue Bleu N.º 11.
Plan du rez-de-chaussée.
Plan Général.
Plan du 1.er 2.me 3.me et 4.me Etage.
Plan des Caves.
Rue   Bleu
Plan du 5.me Etage.
Echelles de
Renvoi des Plans.
1 Grands escaliers. 2 Caves. 3 Passages et corridors. 4 Inuodore. 5 Passages des voitures. 6 Boutiques. 7 Arrières boutiques. 8 Concierge. 9 Remises. 10 Ecurie. 11 Cours. 12 Antichambres.
13 Salles à manger. 14 Salons. 15 Chambres à coucher. 16 Chambres. 17 Cuisines. 18 Dégagements. 19 Jardin. 20 Atelier de peinture avec ses dépendances.
Destouches arch 1832.
Normand, fil.

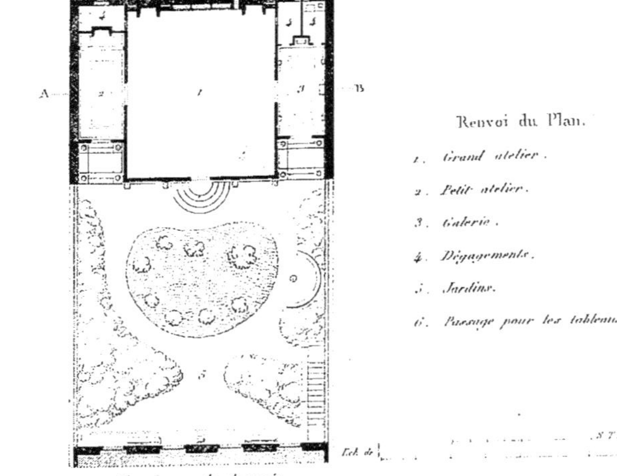

Elévation.
Atelier de Peinture.
Coupe sur A.B.
Renvoi du Plan.
1. Grand atelier.
2. Petit atelier.
3. Galerie.
4. Dégagements.
5. Jardins.
6. Passage pour les tableaux.
A
B
Plan du rez-de-chaussée.
Plans des Combles.
Destouche arch.
Normand fils sc.

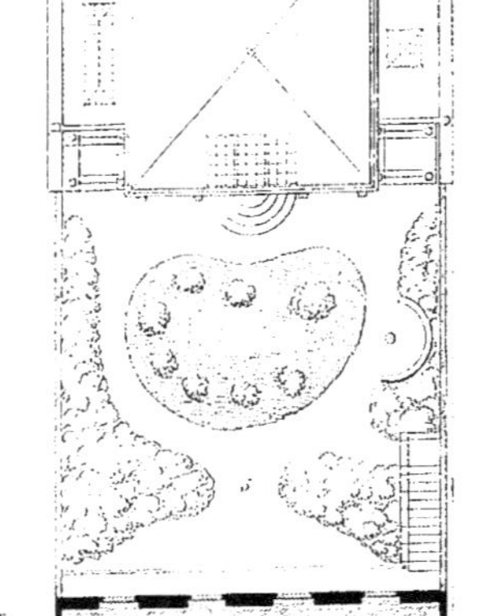

Élévation sur la rue.

Echelle de

Destouches arch.

Olivier de Castres sc.

Plan du rez-de-chaussée.   Plan du 1ᵉʳ Étage.

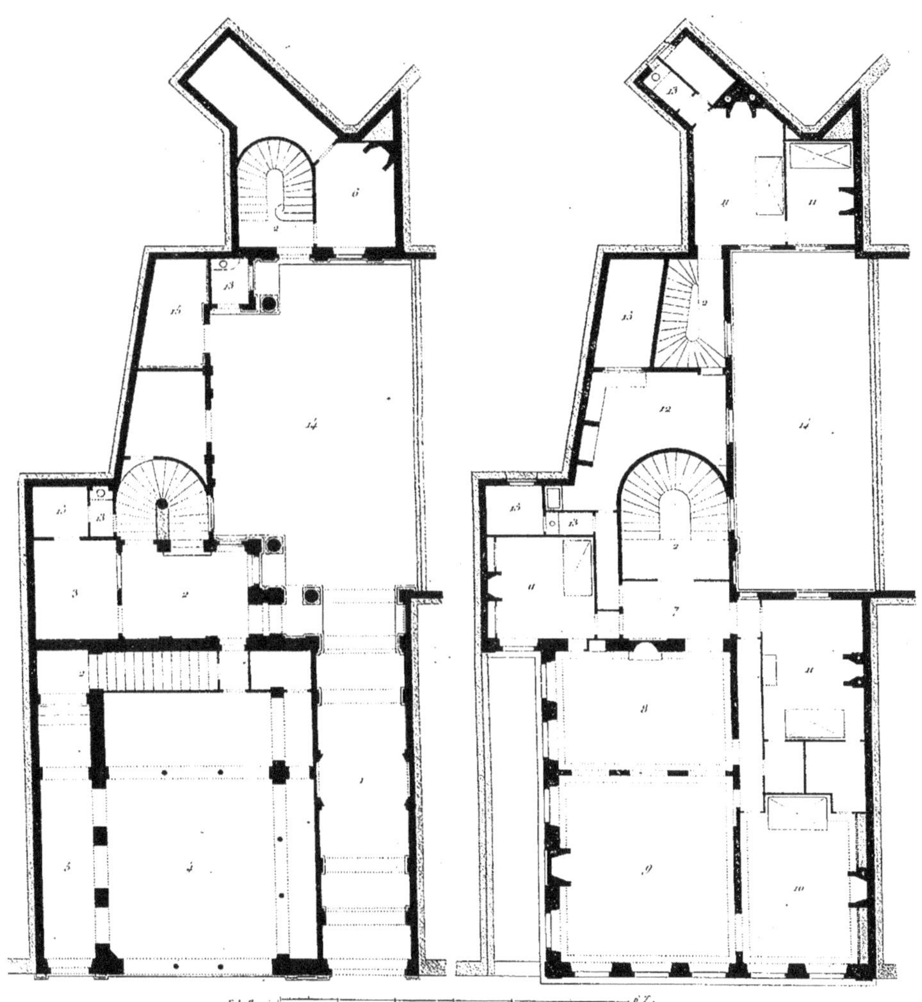

Echelle de

Renvoi des Plans.

1 Entrée des voitures. 2 Vestibules et escaliers. 3 Concierge. 4 Magasin. 5 Passage des magasins. 6 Logement. 7 Antichambre. 8 Salle à manger. 9 Salon. 10 Chambre à coucher. 11 Chambres. 12 Cuisine. 13 Anglaises. 14 Grandes cours. 15 Petites cours.

J. B. Lesueur arch. 1835.   Normand fils sc.

Echelles de

J. Lesueur arch.   Lecoq sc.

Maison à Nogent près Montargis.

Echelles ... 8 T. Plan Général. ... 3 T.

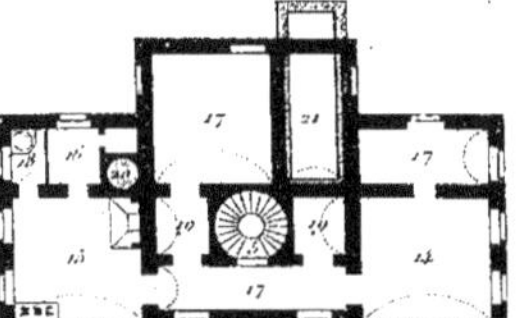

Plan souterrain.

Plan du 1er Etage.

Renvoi des Plans.

1 Vestibules. 2 Salle à manger. 3 Salon. 4 Salle de billard. 5 Escaliers. 6 Salle de bain. 7 Chaudière. 8 Anglaises.
9 Dépendances. 10 Antichambres. 11 Chambres à coucher. 12 Boudoir. 13 Cabinets. 14 Salle à manger des gens.
15 Cuisine. 16 Garde manger. 17 Caves. 18 Lavoir. 19 Passages. 20 Four. 21 Fosse.

Destailleurs arch. 1821. Normand fils sc.

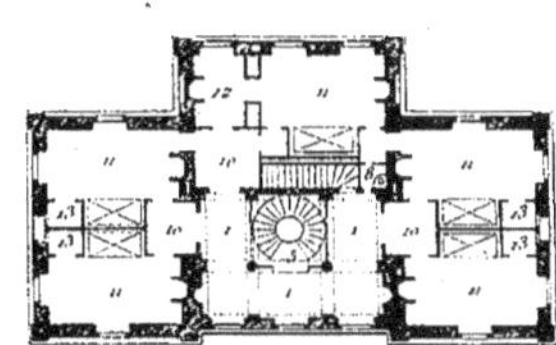

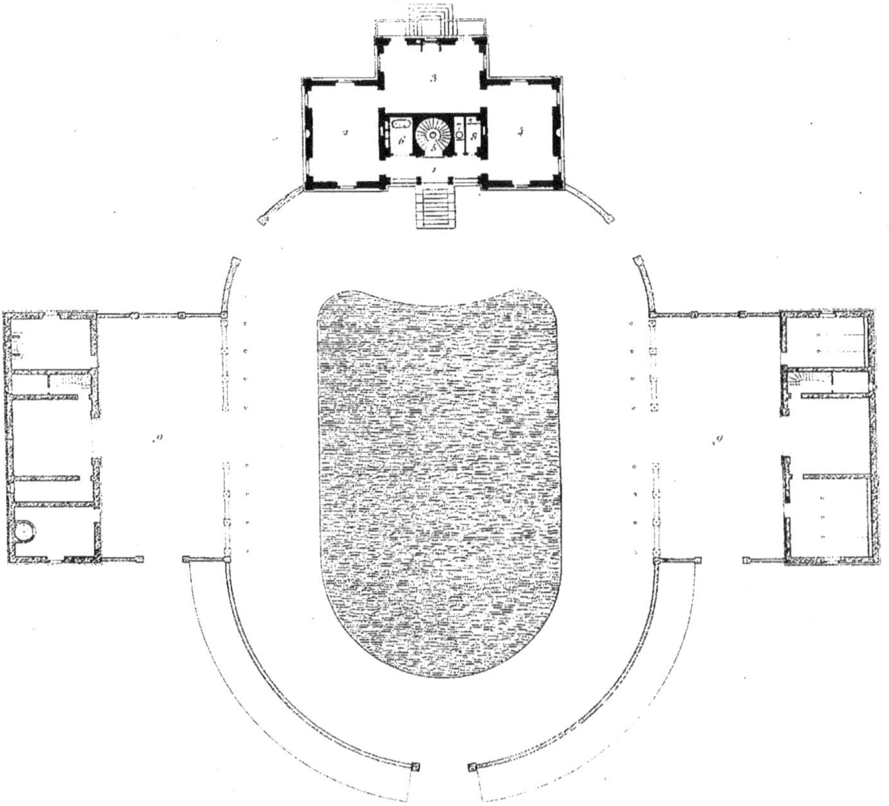

Coupe sur A.B.

Echelles de { 10 M. / 5 T.

Plan de l'Etage dans le Comble.

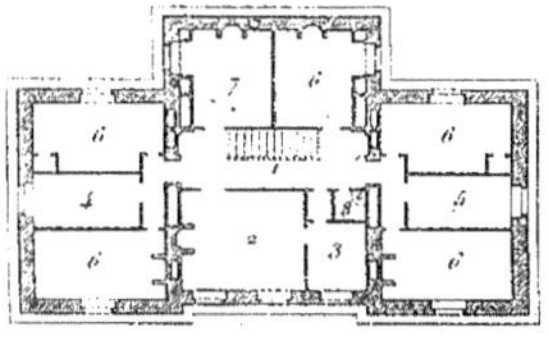

Echelles de { 20 M. / 20 T.

Renvoi du Plan

1 Escalier. 2 Lingerie. 3 Dépot. 4 Fruitier. 5 Garde meuble. 6 Chambres d'ami. 7 et de femme de chambre. 8 Anglaise.

Destailleurs arch.

Normand fils sc.

Élévation sur le Jardin.

Élévation sur la Cour.

Maison Place de la Bourse N.º 8.

Plan des Caves.

Plan du rez-de-chaussée.

Echelle de

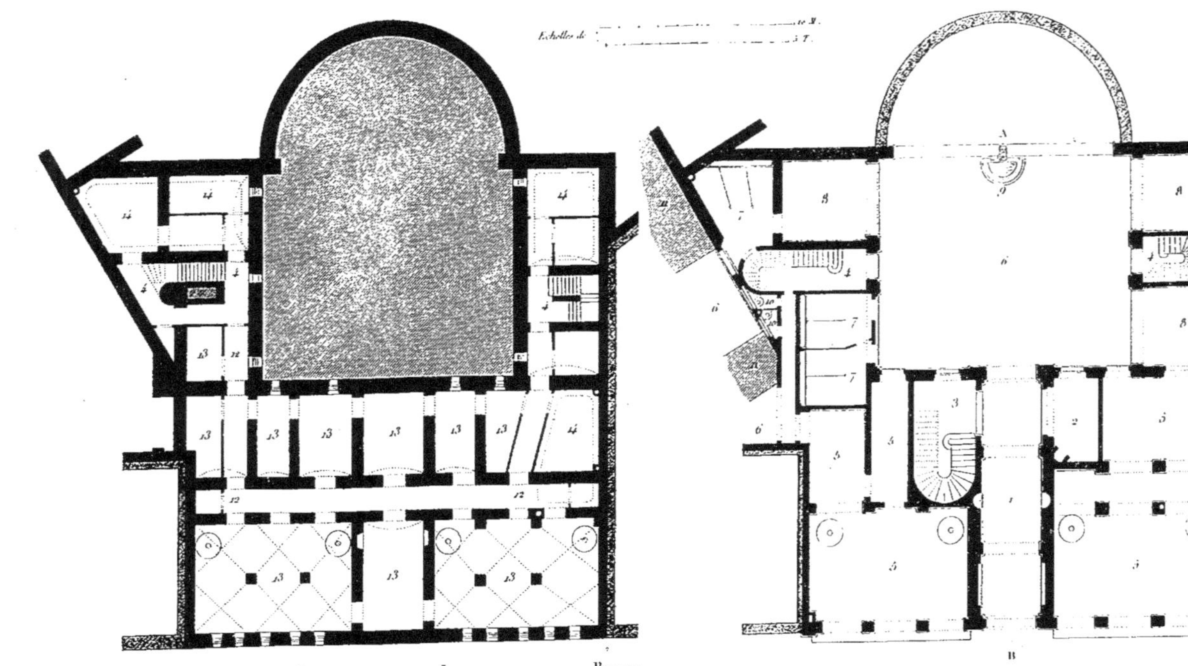

Place — de — la — Bourse

Renvoi des Plans.

1 Passage des voitures. 2 Concierge. 3 Grand escalier. 4 Escaliers de service. 5 Boutiques et magasins. 6 Cours. 7 Ecuries. 8 Remises.
9 Fontaine. 10 Lieux. 11 Maisons voisines. 12 Corridors. 13 Caves. 14 Fosses à l'étage inférieur.

Pellechet arch 1834.

A. Normand sc.

Pl. 151.

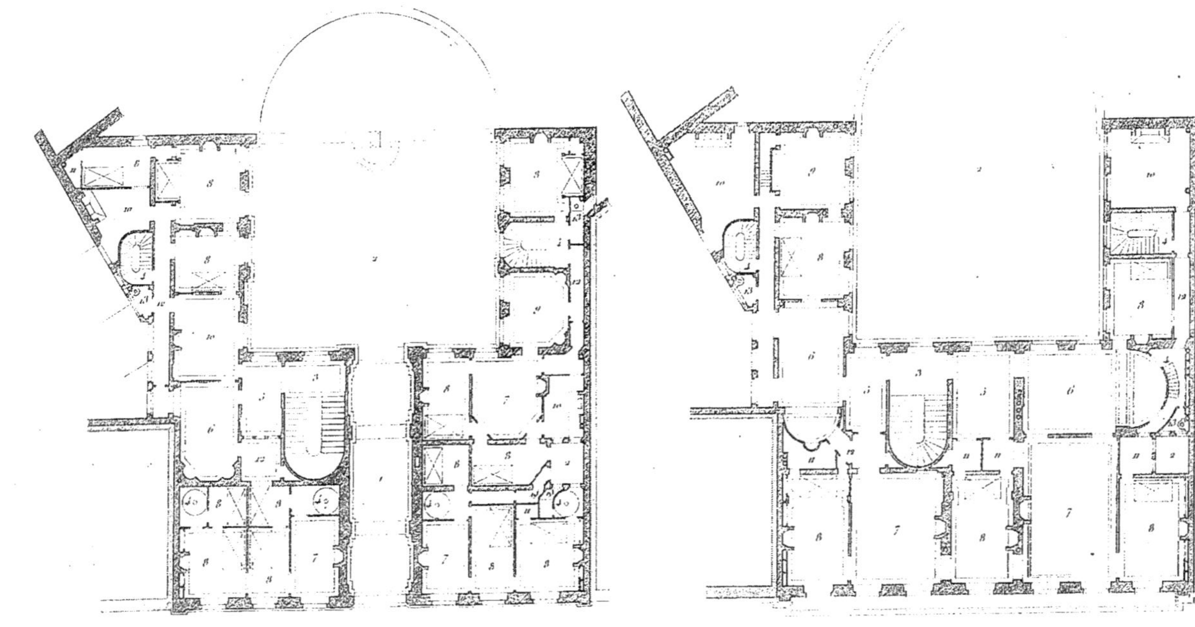

Plan de l'Entresol.
Plan du 1er Étage.
Echelle de
10 M
10 T
Renvoi des Plans.
1 Passage des voitures. 2 Grandes et petites cours. 3 Grands escaliers. 4 Escaliers de service. 5 Antichambres. 6 Salles à manger. 7 Salons. 8 Chambres à coucher.
9 Cabinets. 10 Cuisines. 11 Cabinets de toilette. 12 Dégagements et couloirs. 13 Anglaises.
Pellechet arch.
Normand fils s.

Élévation sur la Place de la Bourse N°5.
Coupe sur A.B.
Echelles de
10 M.
10 T.
Pellechet arch.
Olivier de Gastons sc.
Pl.135.

MAISON DE FRANÇOIS 1ᴱᴿ
Quartier de Jean Goujon *(Champs Elysées)*
Plan du Rez-de-Chaussée.

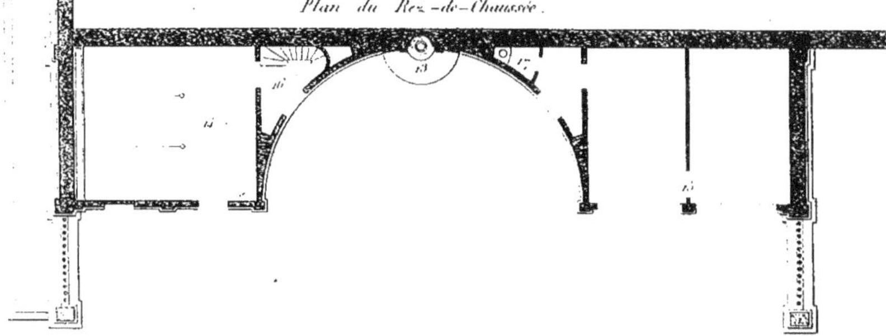

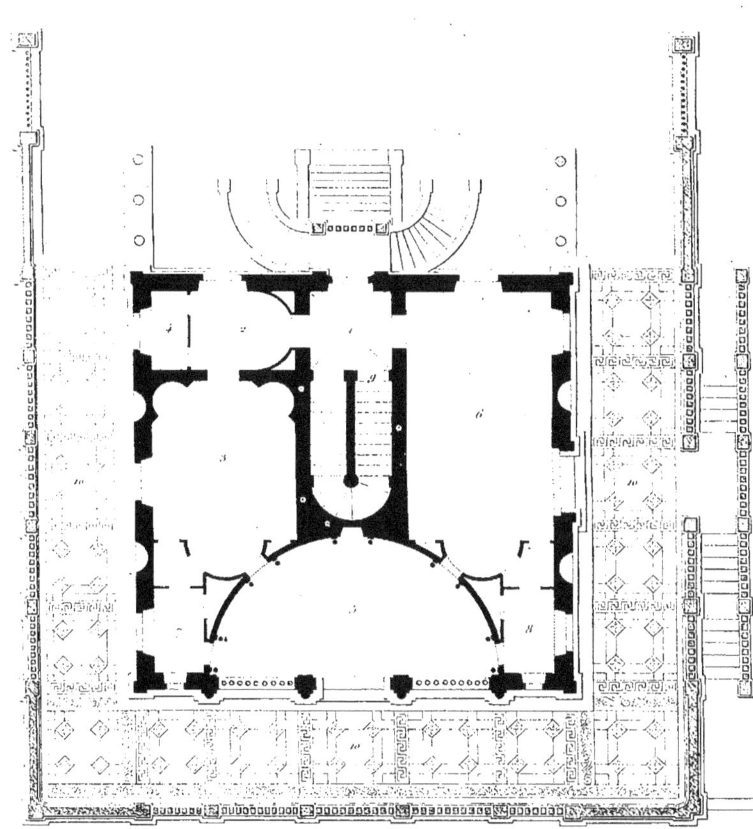

Echelles de

Renvoi du Plan

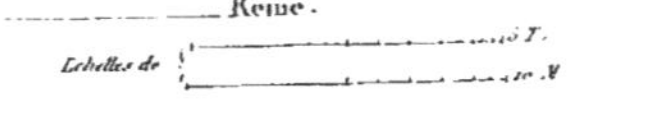

Plan du Soubassement.
Plan du 1er Etage.
Cours la Reine.
Echelles de
Renvoi des Plans.
1 Vestibules et escaliers. 2 Commun. 3 Cuisine. 4 Caves. 5 Antichambre. 6 Chambres à coucher. 7 Salon. 8 Cabinets. 9 Cabinet de toilette.
10 Garde robe. 11 Concierge. 12 Magasin ou fourrage. 13 Galerie. 14 Latrines. 15 Fosse. 16 Cours.
Biet arch.
Normand fils sc.
Pl.155.

Coupe sur la ligne A.B.
Echelles de
5 T.
10 M.
Biet arch.
Normand fils sc.
Pl. 136.

Élévation Géométrale.
Biet arch.
Échelles de
Normand, fils sc.

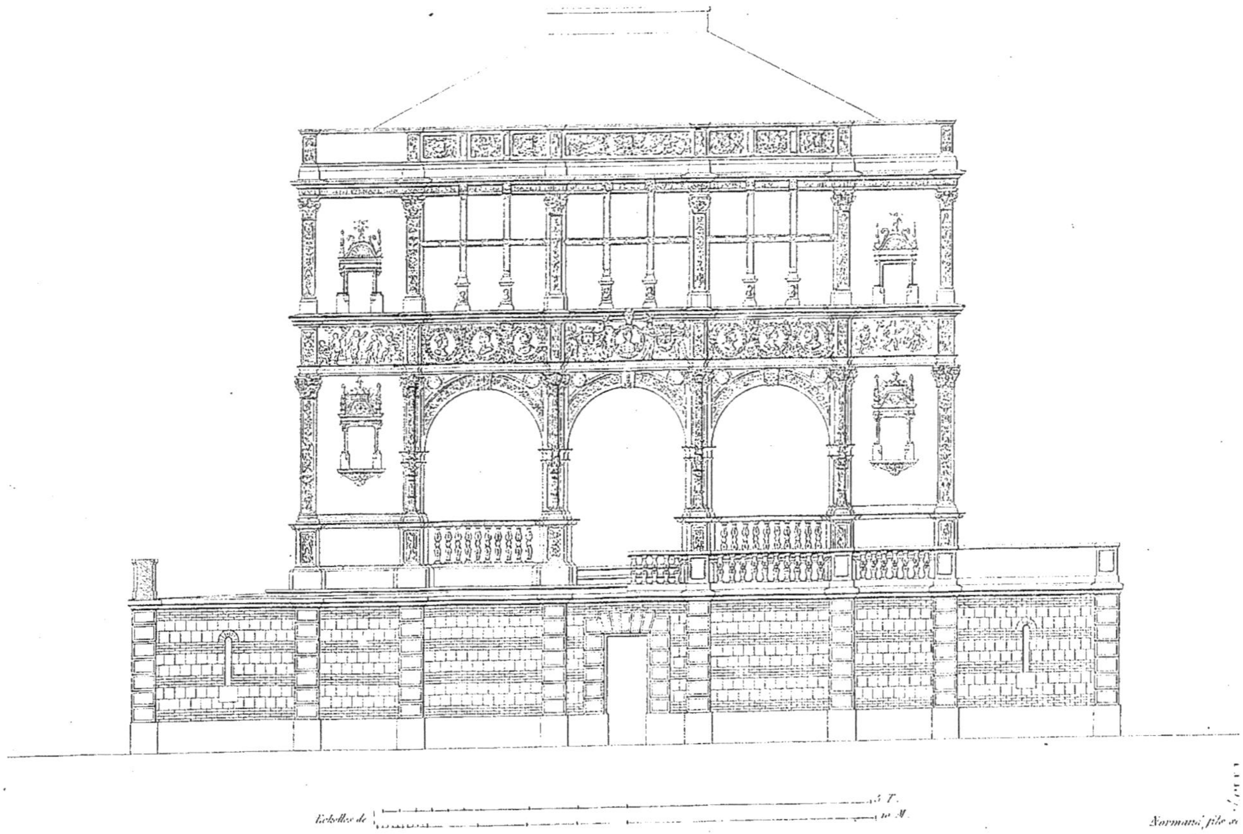

Elevation Postérieure.
Echelles de
1.º T.
1.º N.
Biet arch.
Normand fils sc.
Pl.158.

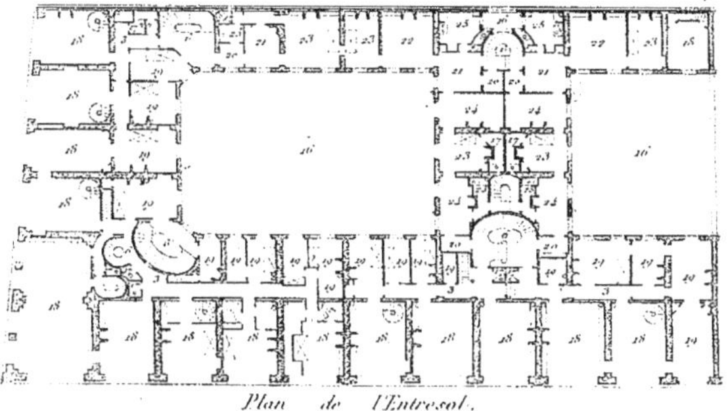

Plan de l'Entresol.

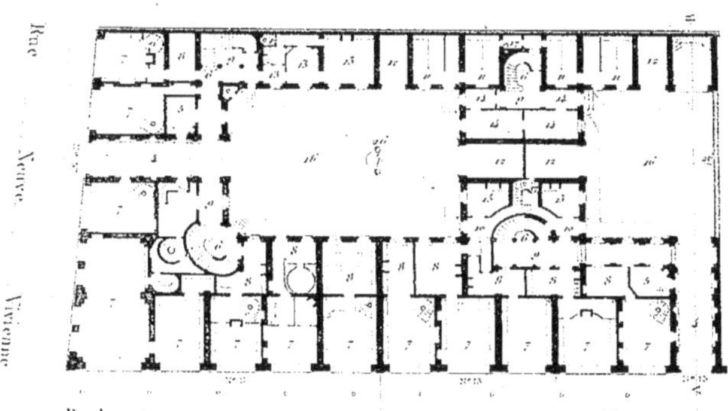

Plan du rez—de—Chaussée.

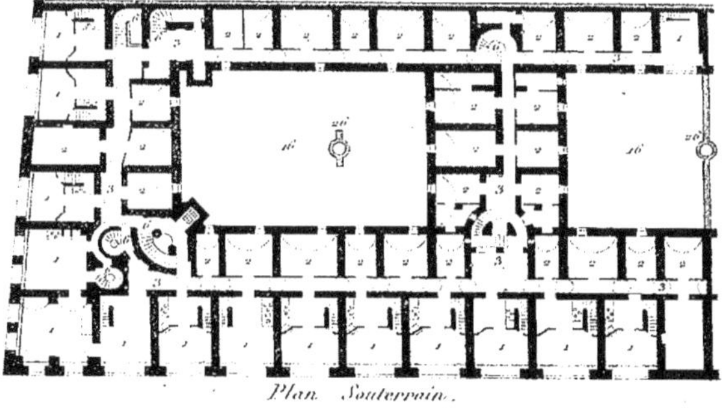

Plan Souterrain.

Echelle de

Renvoi des Plans.

Pièces voutées dépendantes des boutiques. 2 Caves. 3 Corridors et dép.ts 4 Passage des voitures. 5 Portiers. 6 Escaliers. 7 Boutiques. 8 Arrière boutiques. 9 Vestibules. 10 Passage d'une cour à l'autre. 11 Ecuries. 12 remises. 13 et 14 Logemens. 15 Magasins. 16 Cours. 17 Anglaises. 18 et 19 Pièces dép.tes des boutiques. 20 Antichambres. 21 Salles à manger. 22 Salons. 23 Chambres à coucher. 24 Cabinet &. 25 Cuisines. 26 Fontaines.

Lecointe arch 1835   Olivier de Castres sc.

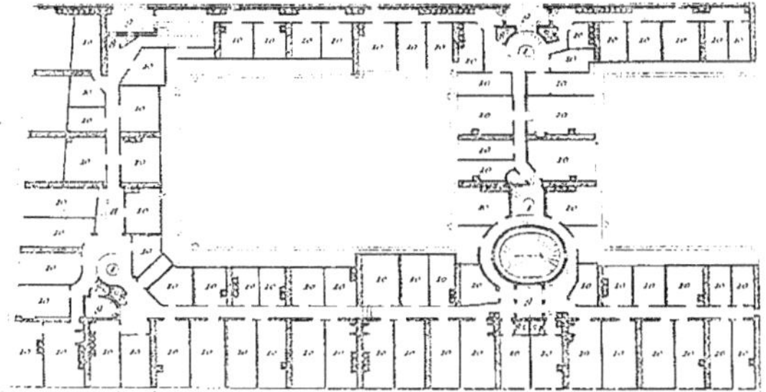

Plan du 6.me Etage.

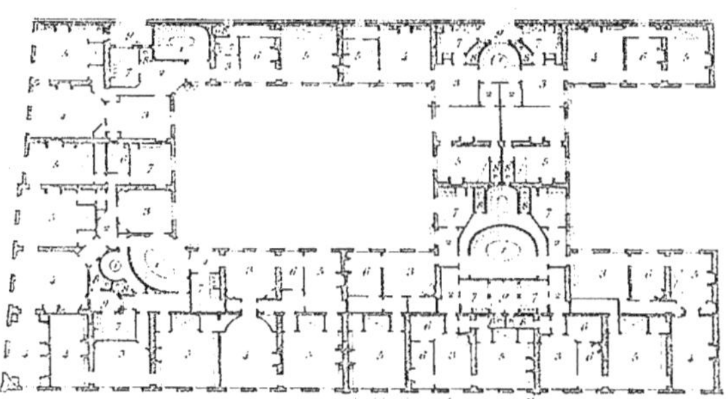

Plan du 4.me Etage.
(le 5.me est peu différent du 4.me)

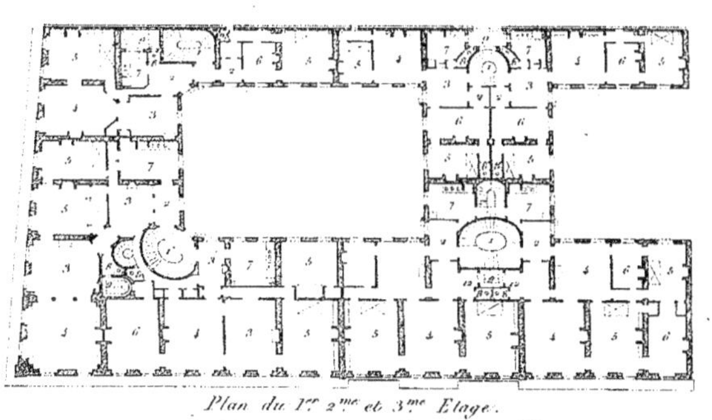

Plan du 1.er 2.me et 3.me Etage.

Echelles de { 25 M. / 12 T.

Renvoi des Plans.

1 Escaliers. 2 Antichambres. 3 Salles à manger. 4 Salons. 5 Chambres à coucher. 6 Cabinets. 7 Cuisines. 8 Anglaises. 9 Petites cours. 10 Chambres de domestique. 11 Escaliers du belveder et des terrasses. 12 Garde-robes.

J. Lecointe arch.

Olivier de Castret sc.

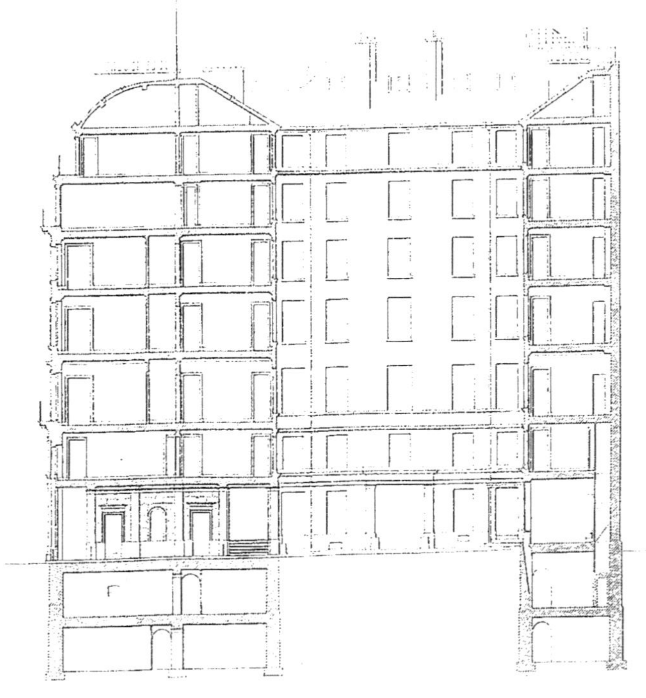

Coupe sur la ligne A.B.
Echelles de
J. Lecointe arch.
Olivier de Castres sc.
Pl. 143

Élévations sur le Boulevard.
Echelles de
25 M.
12 T.
J. Lecointe arch.
Olivier de Castres sc.
Pl 142.

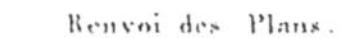

Maison à Thiais
Près Choisy le Roi.

Elévation Géométrale.

Pl 145.

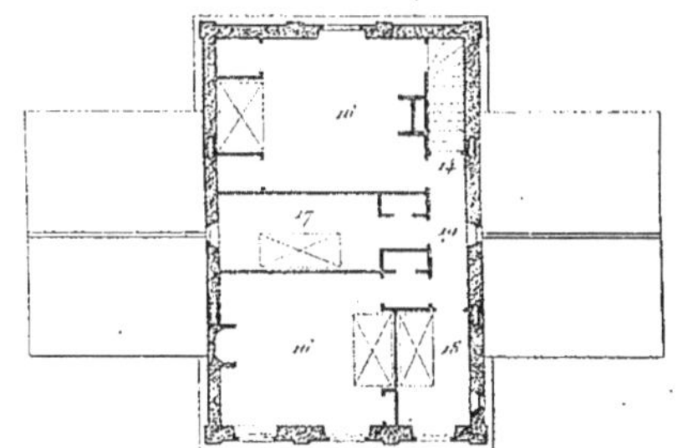

Plan du 1.er Etage.

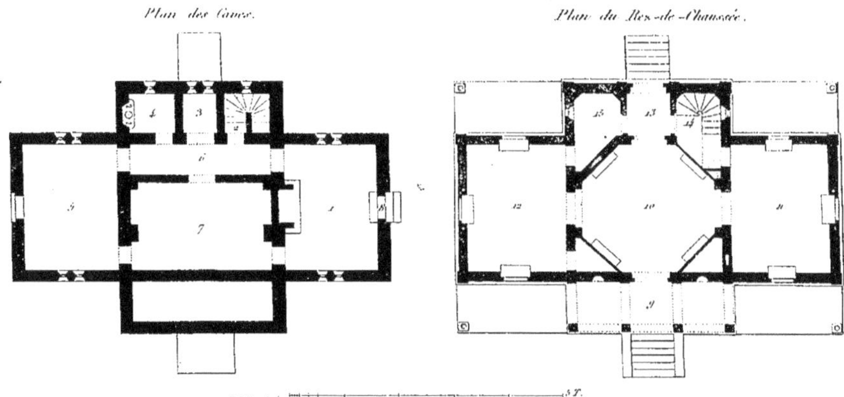

Plan des Caves.

Plan du Rez-de-Chaussée.

Echelles de

L. Durand arch. 1823.

Normand fils sc.

Echelles de

Plan du rez—de—Chaussée.

Plan du 1.er Etage.

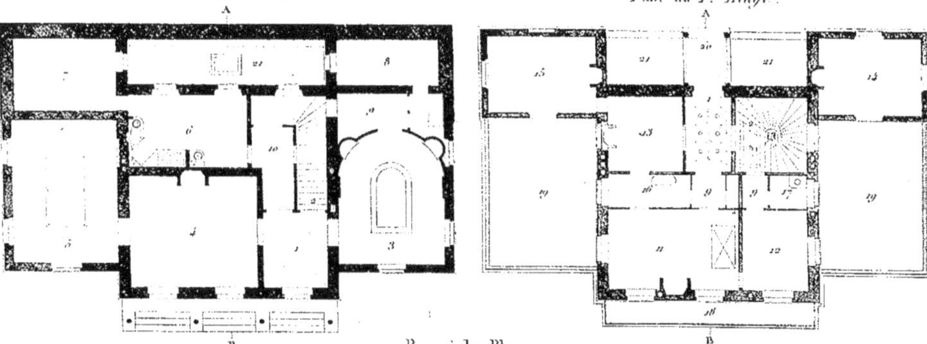

Renvoi des Plans.

1 Vestibules. 2 Escaliers. 3 Salle à manger. 4 Salon. 5 Salle de billard. 6 Cuisine. 7 Office de la cuisine. 8 Office de la salle à manger. 9 Dégagements.
10 Passage. 11 Chambre à coucher. 12 Boudoir. 13 Cabinet. 14 Chambre d'amis. 15 Bibliothèque. 16 Salle de bain. 17 Anglaise. 18 Balcon. 19 Terrasse. 20 Pont. 21 Cours.

Echelles de

Maison à Bellevue.
Élévation sur
Echelles de
le Jardin.
Études (P.te) arch 1835.
Études (P.te) sc.
Pl 145

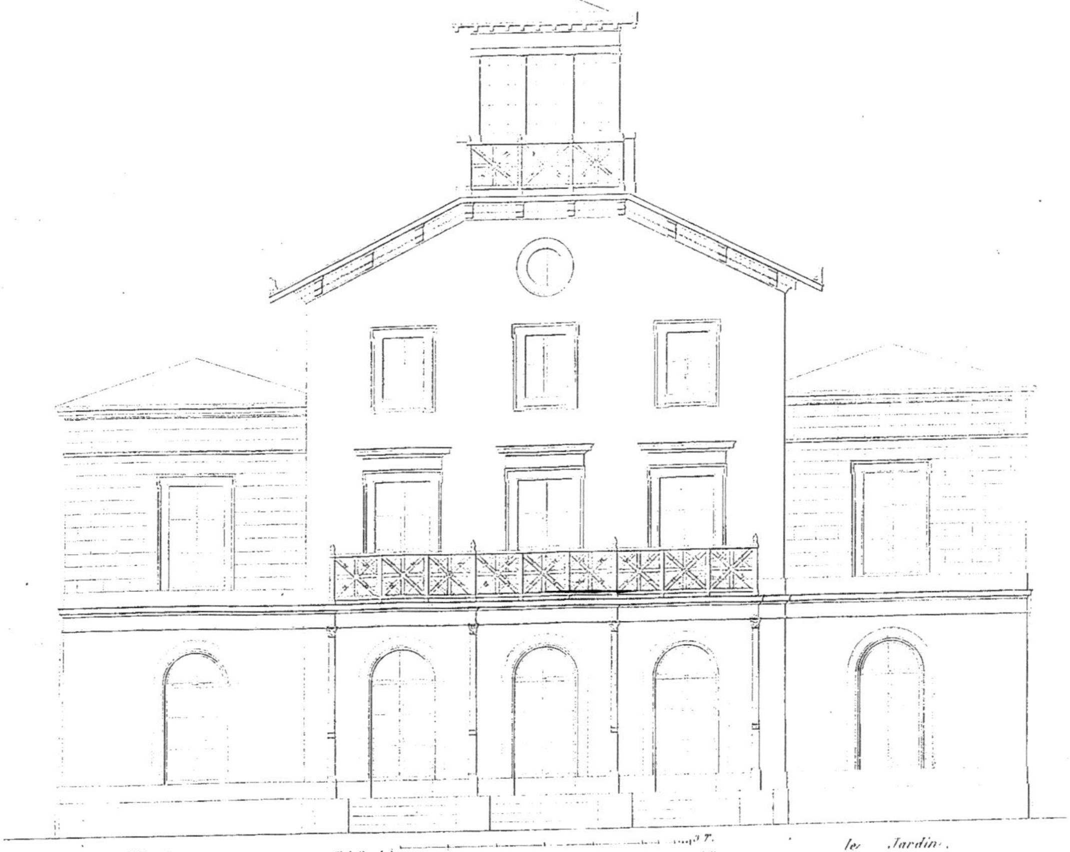

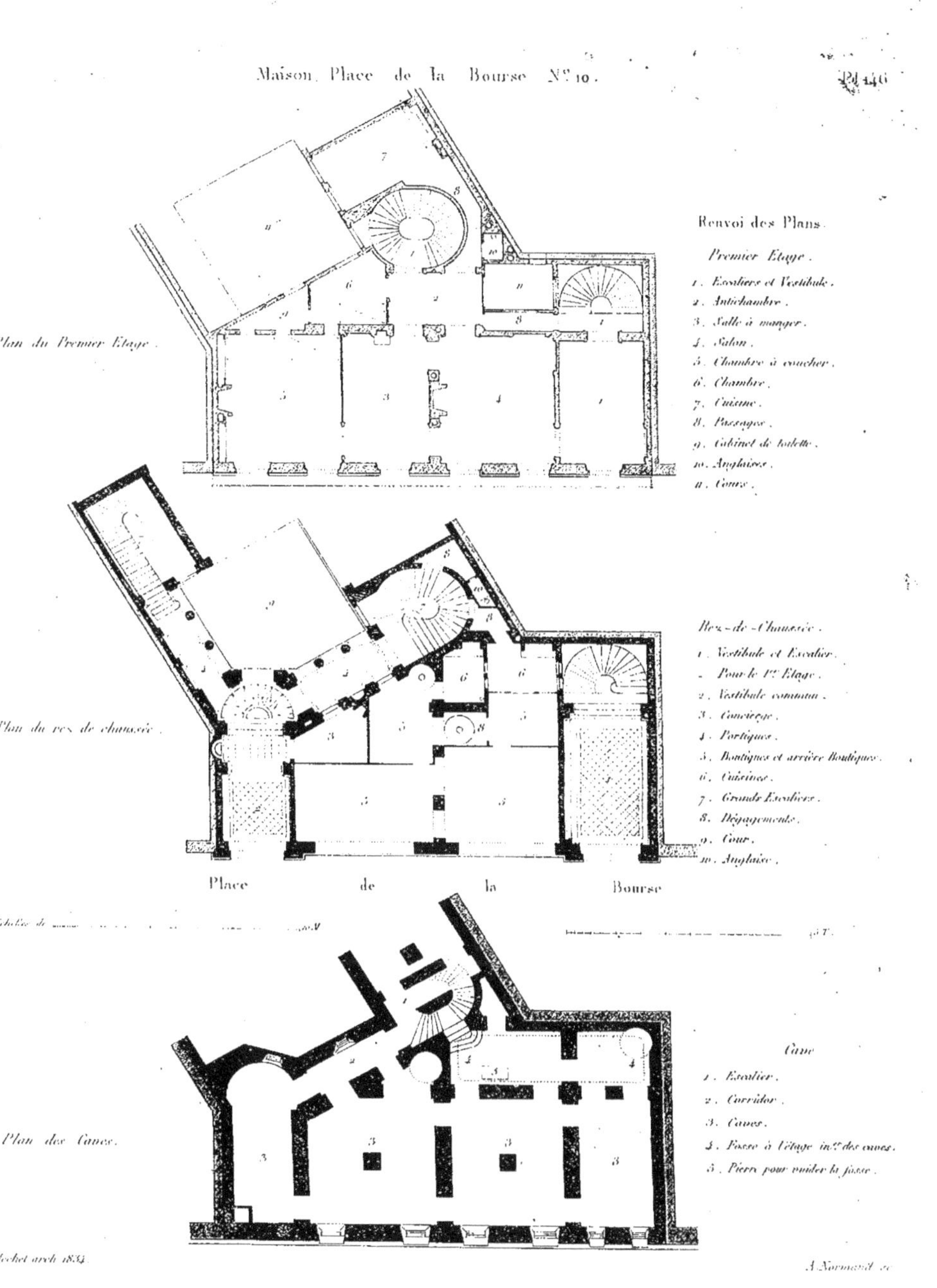

Maison, Place de la Bourse Nº 10.
Pl. 146
Plan du Premier Etage.
Plan du rez de chaussée.
Plan des Caves.
Place   de   la   Bourse
Renvoi des Plans.
Premier Etage.
1 . Escaliers et Vestibule.
2 . Antichambre.
3 . Salle à manger.
4 . Salon.
5 . Chambre à coucher.
6 . Chambre.
7 . Cuisine.
8 . Passages.
9 . Cabinet de toilette.
10 . Anglaises.
11 . Cours.
Rez-de-Chaussée.
1 . Vestibule et Escalier.
- Pour le 1er Etage.
2 . Vestibule commun.
3 . Concierge.
4 . Portiques.
5 . Boutiques et arrière Boutiques.
6 . Cuisines.
7 . Grands Escaliers.
8 . Dégagements.
9 . Cour.
10 . Anglaise.
Cave.
1 . Escalier.
2 . Corridor.
3 . Caves.
4 . Fosse à l'étage inf.r des caves.
5 . Pierre pour vuider la fosse.
Echelles de
Pellechet arch 1834.
A. Normand sc.

Pellechet arch.   Olivier de Castres sc.

Plan du 1.er Etage.

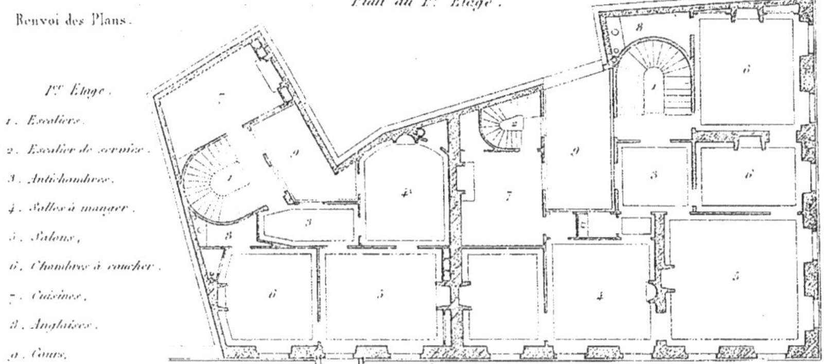

Plan du rez de chaussée.

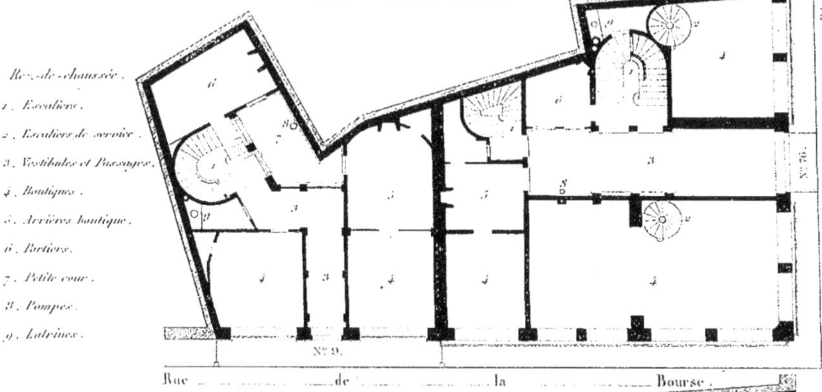

Plan des Caves.

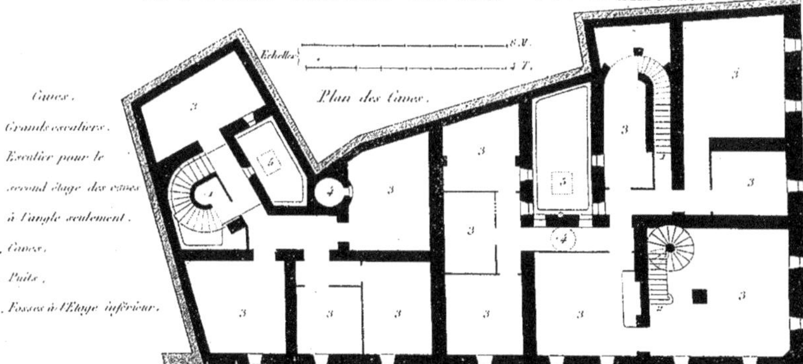

Elévations 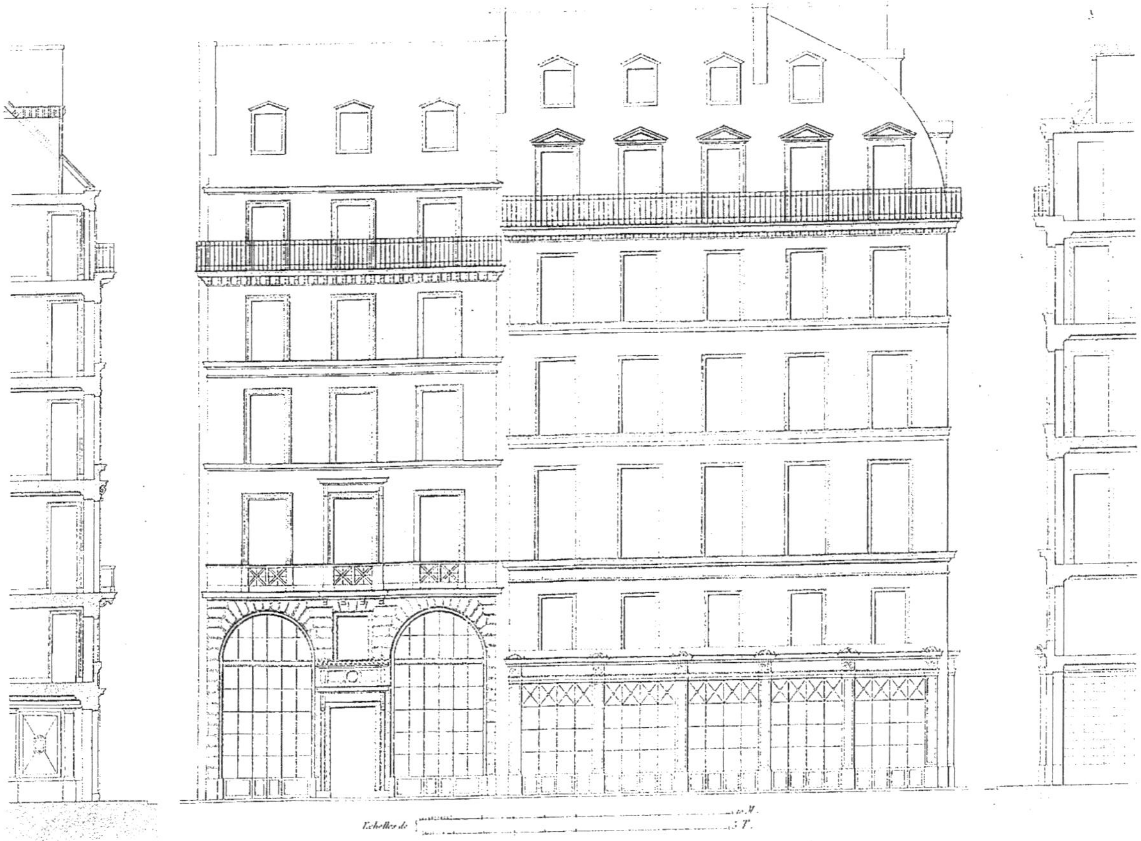
Echelles de
Houtcloup arch.
Normand fils sc.
Pl 149.

Maison Boulevart du Roi à Versailles.

Elevation.

Coupe sur A.B.

Plan des Caves
au niveau du Boulevart.

Plan du rez-de-chaussée au niveau du Jardin.

Plan du 1er. Étage.

Renvoi des Plans.

1 Entrée sur le Boulevart. 2 Escaliers. 3 Salle de bain. 4 Fruitier. 5 Cave. 6 Vestibule. 7 Salle à manger. 8 Salon. 9 Chambre à coucher. 10 Chambre de demoiselle. 11 Cabinet de toilette. 12 Cuisine.
13 Office. 14 Chambres d'ami. 15 Chambre d'enfant. 16 Cabinet d'étude. 17 Lingerie. 18 Chambre de domestique. 19 Dégagements. 20 Anglaises. 21 Fosse.

4 Neveu arch. 1834.

Normand fils sc.

Pl. 130.

Maison rue Neuve Vivienne N° 5.

Plan du rez-de-chaussée.

Plan du 1ᵉʳ Étage.

Rue — Neuve — Vivienne

Echelles de

Renvoi des Plans.

1 Vestibule et entrée. 2 Grands escaliers. 3 Escaliers de service. 4 Boutiques. 5 Arrière boutique. 6 Antichambre. 7 Salle à manger. 8 Chambres à coucher.
9 Salon. 10 Cuisine. 11 Dégagement. 12 Anglaises. 13 Cours.

Heuteloup arch. 1835.

A. Normand sc.

Pl. 151.

Elévation .
Pl 152 .
Echelle de
Beauchamp arch .
Olivier de Castres sc .

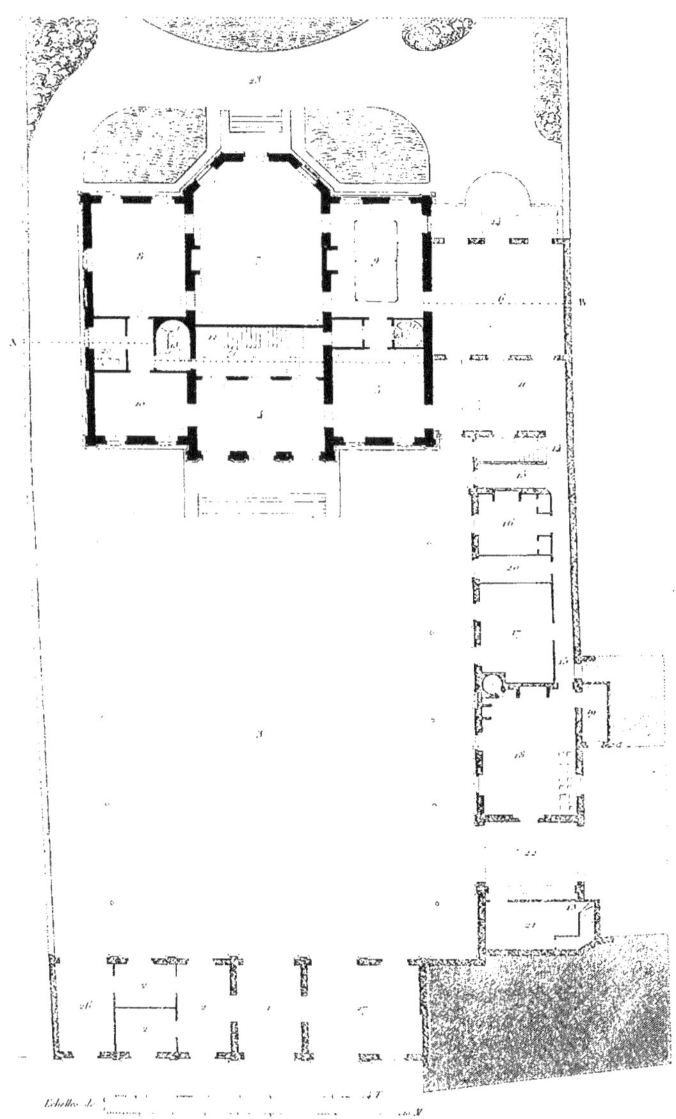

Renvoi du Plan.

Coupe sur la ligne AB.
Echelles de
Frelicher arch.
A. Normand sc.
Pl. 134.

Façade sur la Cour.
Echelles de
Pl 155.

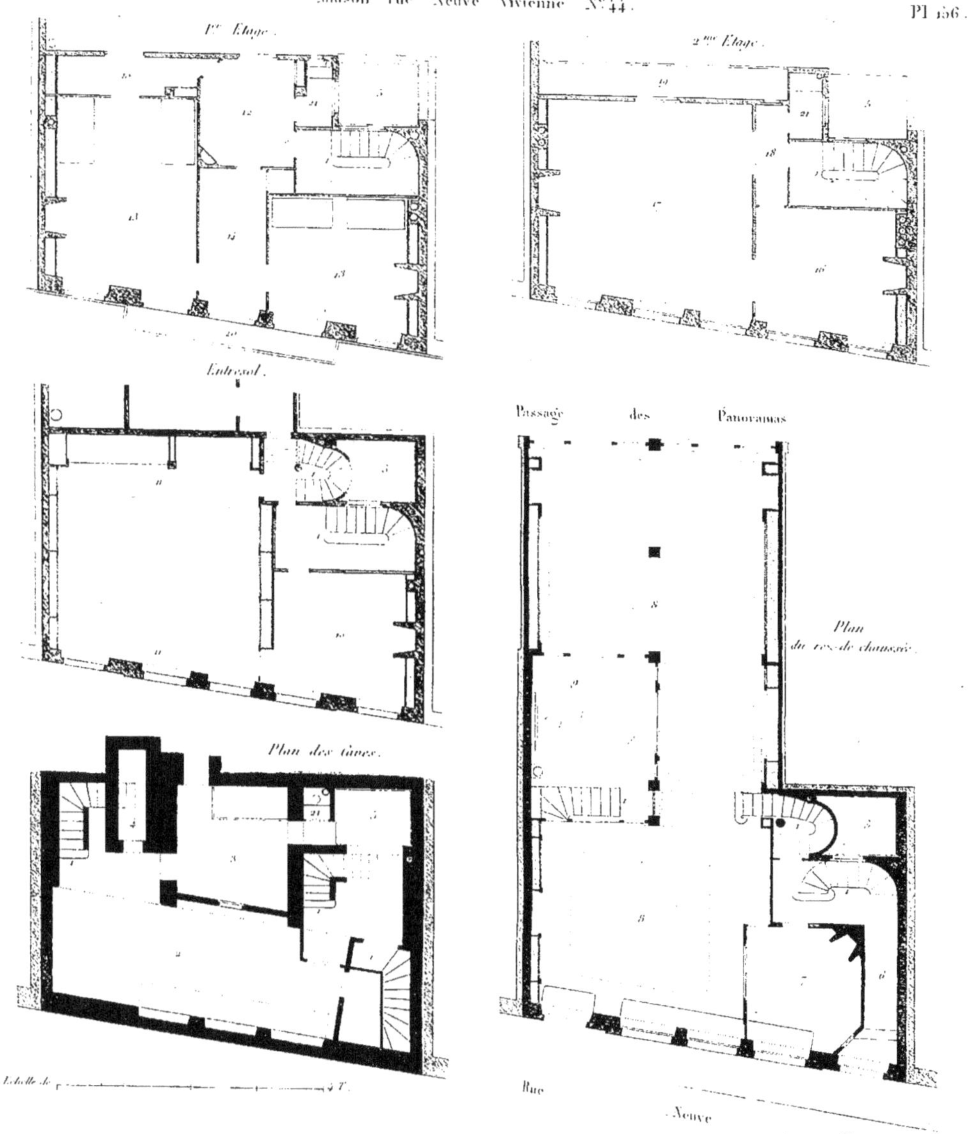

1 Escaliers. 2 Laboratoire. 3 Cave. 4 Fourneau de la machine. 5 Cours. 6 Allée. 7 Salle à manger. 8 Magasins. 9 Machine. 10 Cabinet. 11 Galerie. 12 Antichambre. 13 Chambres à coucher. 14 Cabinet d'étude. 15 Cabinet de toilette. 16 et 17 Petit et grand salon. 18 Dégagement. 19 Terasse. 20 Balcon. 21 Anglaises.

B. Nepveu arch. 1834.

Echelles de

H. Nepveu arch .

Normand fils sc .

Maison rue de Vanneau N.° 8.

Coupe sur A.B.

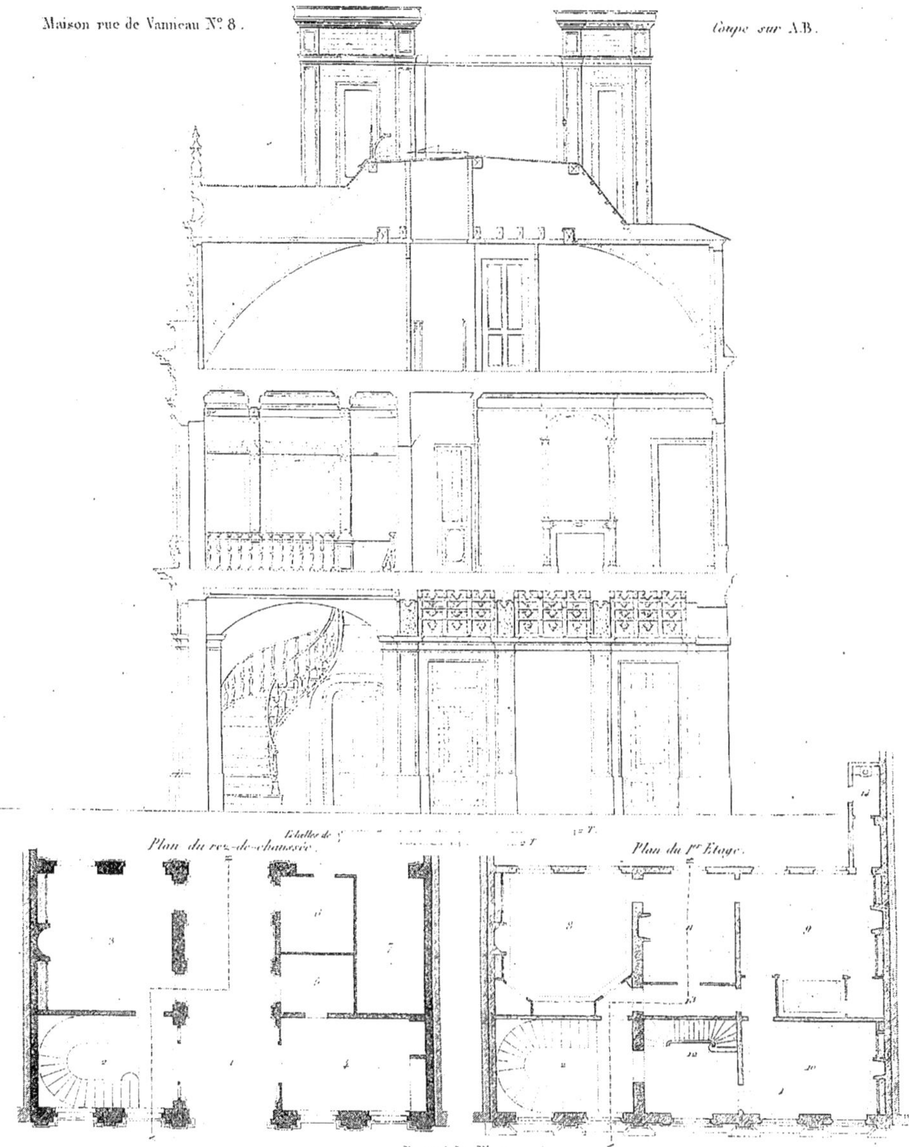

Renvoi des Plans.

1 Entrée. 2 Escaliers. 3 Salle à manger. 4 Cuisine. 5 Office. 6 Concierge. 7 Remise. 8 Salon. 9 Chambre à coucher. 10 Cabinet. 11 Boudoir. 12 Escalier de service.

Dusillion arch. 1835.

Elévation

Echelle de ... 1 T.

www.ingramcontent.com/pod-product-compliance
Lightning Source LLC
Chambersburg PA
CBHW051235050726

47594CB00001B/179